AS AVENT
BLI

PROJETO GRÁFICO LUIZ STEIN DESIGN (LSD)

TURAS DA
ITZ

RODRIGO RODRIGUES

EDIÇÃO LIMITADA

Edição Limitada é um selo da Faro Editorial.

Editor: **Pedro Almeida**

Assistente editorial: **Carla Sacrato**

Coordenadora de produção: **Adriane Gozzo**

Assistente editorial: **Juliana Campoi**

Preparação de textos: **Flávia Schiavo**

Revisão: **Isabel Fernandes**

Editora de arte: **Ana Dobón**

Projeto gráfico, editoração eletrônica e capa: **Luiz Stein Design (LSD)**

Designers assistentes: **João Marcelo, Fernando Grossman e Joana Borsari**

Imagens de capa: **A Bela Arte (Luiz Stein e Gringo Cardia), Johnny (foto orelha)**

Imagens de miolo: **vide página 300**

Dados Internacionais de Catalogação na Publicação (CIP)
Angélica Ilacqua CRB-8/7057

Rodrigues, Rodrigo, 1975-2020
    As aventuras da Blitz / Rodrigo Rodrigues ; projeto gráfico de Luiz Stein Design. – 2. ed. — São Paulo : Faro Editorial, 2020.
    304 p.

    ISBN 978-65-86041-43-9

    1. Blitz (Conjunto musical) 2. Rock - História - Brasil I. Título II. Luiz Stein Design I. Título

20-3544   CDD 782.421640981

Índice para catálogo sistemático:
1. Blitz (Conjunto musical) 782.421640981

FARO EDITORIAL

2ª edição brasileira: 2021
Direitos de edição em língua portuguesa, para o Brasil, adquiridos por **Faro Editorial**

Avenida Andrômeda, 885 — Sala 310
Alphaville — Barueri — SP — Brasil
CEP: 06473-000
www.faroeditorial.com.br

UM MUNDO DE GENEROSIDADES

A edição que se encontra em suas mãos era um sonho do Rodrigo, algo que nós da Faro e seu incrível grupo de amigos uniu forças para concretizar.

RODRIGO RODRIGUES tinha muitos talentos: jornalista, apresentador, músico, comentarista esportivo, guia turístico, biógrafo... o que lhe permitiu produzir um legado incrível.

Fora de catálogo há vários anos, Rodrigo sonhou em relançar dois dos quatro livros que escreveu: *As Aventuras da Blitz*, publicado em 2009, pela Ediouro, e *Almanaque da Música Pop no Cinema*, publicado em 2012, pelo Grupo Leya. Mas alguns sonhos são difíceis realizar, e foi aí que Rodrigo ficou imobilizado: ele precisaria que as editoras conseguissem localizar os arquivos originais — que, por trazerem mais de mil imagens, seria praticamente impossível de serem refeitos sem sua ajuda.

Ainda no calor dos acontecimentos, pensamos em homenagear o Rodrigo e realizar aquele sonho. Então mandei uma série de e-mails e mensagens para ver se havia algum caminho de concretizar o projeto. Em poucas horas, as primeiras respostas começaram a chegar.

Jorge Carneiro, Presidente da Ediouro/Nova Fronteira e sua equipe foram extremamente rápidos, e Luiz Stein, designer do livro sobre a Blitz, ficaram muito comovidos e, mesmo enxergando as dificuldades, deram início à busca dos arquivos finais em todos os lugares.

Alguns dias depois, Daniele Cajueiro, Ana Carla e Diana Baptista mandaram a notícia incrível de que, depois de muito trabalho, haviam, enfim, encontrado os arquivos. Foi emocionante, porque a probabilidade era mínima. Faltava o segundo livro, *Almanaque da Música Pop no Cinema*. Osmane Garcia Filho, o designer, havia perdido todos os seus arquivos em uma queima de HD com os trabalhos daquele ano. Restava tentar a editora. Para quem não sabe, a Editora Leya, hoje, é uma empresa brasileira. Claudio Marques, um dos sócios da Leya Brasil, revirou o que podia e, em menos de 24 horas após ter informado que não havia encontrado, ligou afirmando que acharam as duas partes do miolo do livro — uma no Brasil e a outra em Portugal. Podem chamar de sincronicidade, destino, sorte..., mas é como dizem: não acredito em bruxas, mas que elas existem, existem.

Conseguem imaginar a emoção de uma notícia ótima atrás da outra?

Com os originais em mãos, teríamos apenas que refazer a capa do segundo livro que não havia sido encontrada. Algo simples. Mas ao ver a nota sobre esse plano na imprensa, Flávio Franceschini, o designer que fez as campanhas de ambos os livros e, hoje, também responsável pelas peças de marketing da Faro, apareceu com TODOS os arquivos — até mesmo os das peças publicitárias da época, o que nos deu um novo gás. E estava tão perto. Lembram das bruxas? Então...

Mas esse trabalho de buscas em nada se comparou à conversa que tive com os pais do Rodrigo, filho único, menos de dez dias após sua morte. Dona Sônia, sua mãe, já esperava meu contato, então, para poupar ambos de uma conversa muito emocional, tentei enviar as ideias por mensagem, mas ela, corajosa, me respondeu com uma chamada por vídeo. Não minto: apesar de feliz pela possibilidade da publicação, estava muito tenso e inseguro sobre como abordar o assunto, então só consegui atender a ligação depois do terceiro toque.

Como previa, foi uma das conversas mais difíceis da minha vida. Nossas falas eram entremeadas por silêncios, eu de olhos marejados, um luto pesado no ar e que fez com que Seu Paulo, pai do Rodrigo, tivesse que assumir o leme de nossa conversa. Deixo registrada aqui a admiração pela força de ambos, e a autorização para que eu pudesse seguir em frente com um projeto que traria tantas memórias boas — e remexeriam eventos sobre a perda tão recente.

Depois de tudo pronto, reli as obras que havia publicado há muitos anos e que, pela generosidade de tantos profissionais, estão disponíveis para você agora. Rodrigo sempre foi um gênio, e as duas obras que disponibilizamos são extremamente atuais, registros únicos, colocados no papel pela pessoa mais adequada para fazê-lo.

Assim, celebramos, eu e todas as pessoas envolvidas, essas novas edições como uma continuidade da sua vida e esperamos que você encontre tanta felicidade ao lê-las quanto Rodrigo encontrou ao fazê-las.

É o que vocês agora têm em mãos.

Pedro Almeida, o editor.

SUMÁRIO

AS MÚSICAS "ELA QUER MORAR COMIGO NA LUA" E "CRUEL CRUEL ESQUIZOFRENÉTICO BLUES"
ESTÃO INTERDITAS PELO D.C.D.P. PARA EXECUÇÃO PÚBLICA, INCLUSIVE PELA RÁDIODIFUSÃO.

LADO B

1 - A ÚLTIMA FICHA
2 - RIDÍCULA
3 - CHARME DE ARTISTA
4 - SÓ O AMOR
5 - A DOIS PASSOS DO PARAÍSO
6 - APOCALIPSE NÃO

1 - WEEKEND
2 - MEU AMOR QUE MAU HUMOR
3 - O TEMPO NÃO VAI PASSAR
4 - BETTY FRÍGIDA
5 - RÁDIO ATIVIDADE
6 - BIQUINI DE BOLINHA AMARELINHA TÃO PEQUENININHO
(Itsy Bitsy Teenie Weenie Yellow Polkadot Bikini)

Produto (Concepção):
Direção Artística:
Diretor de Produção: MIGUEL PLOPSCH
Técnico de Gravação Auxiliares: SERGINHO, RENATO, JOSÉ CELSO, RUI (Emi-Odeon)
Técnico de Gravação Auxiliares: VITOR FARIAS, LOUREIRO, LIMINHA, CLAUDIO FARIAS (Transamérica)
MAURO, MAGRO, ENOCK, LACI, GILMARIO
Mixagem: VITOR FARIAS, LIMINHA
Corte: OSMAR FURTADO
Capa: LUIZ STEIN E GRINGO (A BELA ARTE) (CAPU)
MAQUE... FLAVIO PEP... ILUMINAÇÃO: ENGR. JOEL
Supervisão Editorial: TADEU VALÉRIO

EMI-ODEON, FONOGRÁFICA, INDUSTRIAL E ELETRÔNICA LTDA.
INDÚSTRIA BRASILEIRA · CGC 33.5540/0004-31 ℗ 1983 DISCO É CULTURA

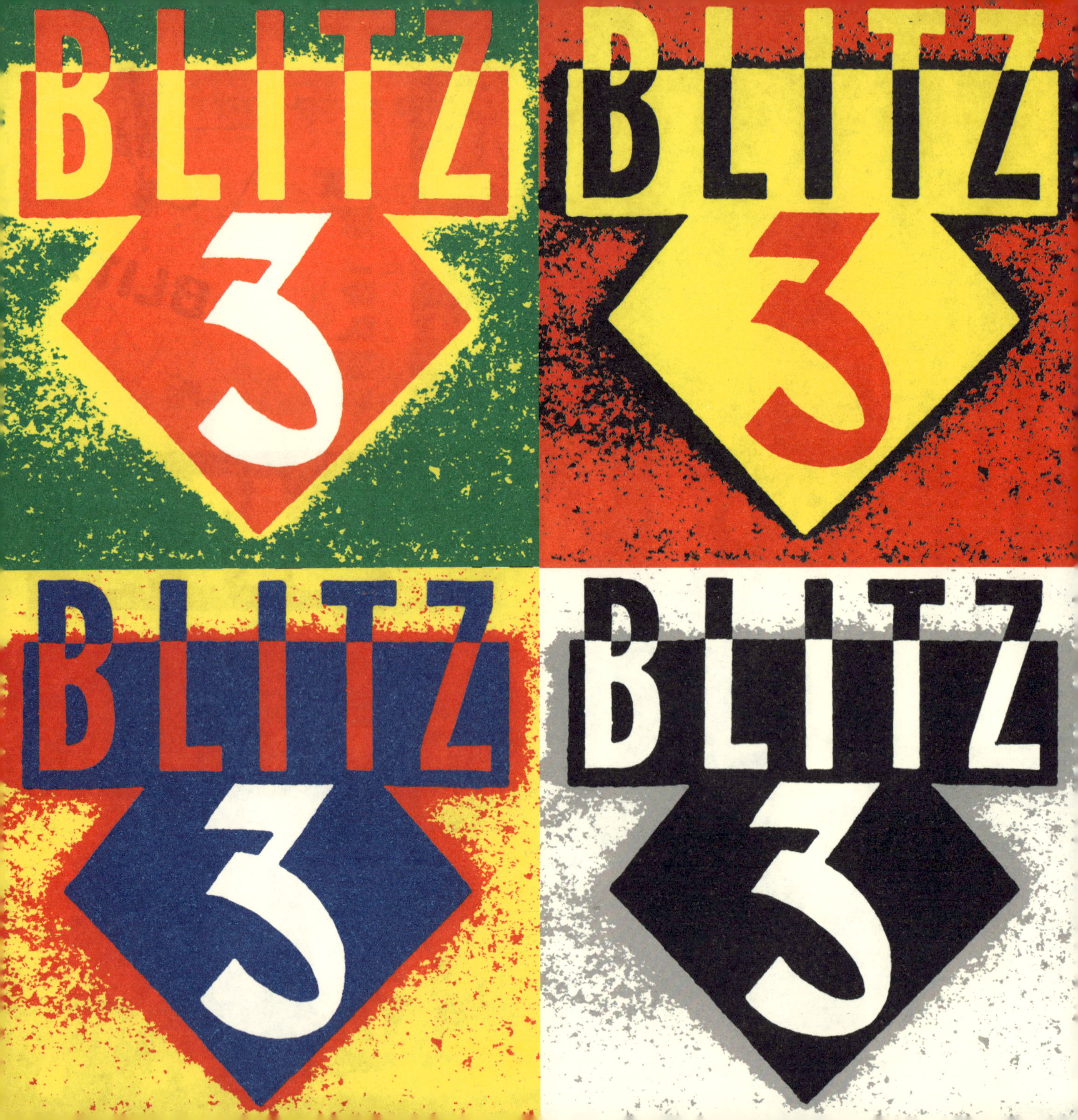
BLITZ
3
BLITZ
3
BLITZ
3
BLITZ
3

TODAS AS AVENTURAS DA BLITZ

RADIOATIVIDADE BLITZ

AS AVENTURAS DA BLITZ

AV. N.S. DE COPACABANA, 1085 • SALA 512 • FONE 521-0231 • CEP 22060 • RJ

BLITZ PROMOÇÕES E PRODUÇÕES LTDA. - RUA VISCONDE DE PIRAJA, 146/SOBRELOJA

IPANEMA / RIO DE JANEIRO / RJ / CEP: 22410 / TELS.: (021) 287-0392 / 287-8342

BLITZ 3

18297 CASSETTE

81 4229454

DOLBY SYSTEM

EMI

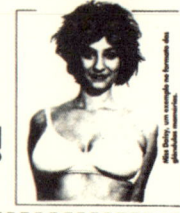

PARK SHOPPING BLITZ SHOW
GINÁSIO DE ESPORTES PRESIDENTE MÉDICI

PARKSHOPPING BLITZ SHOW

GINÁSIO DE ESPORTES PRESIDENTE MÉDICI

ASSOCIAÇÃO DOS LOJISTAS DO PARKSHOPPING

FUNDAÇÃO CULTURAL DO DISTRITO FEDERAL
INS. ISS: 0135874
CGC: 00047472/0001-08

Nº 8894

CADEIRA — PISTA

CADEIRA — PISTA

DOMINGO, 18 DE NOVEMBRO 18 HORAS

GOVERNO DO DISTRITO FEDERAL
SECRETARIA DA EDUCAÇÃO E CULTURA
FUNDAÇÃO CULTURAL DO DISTRITO FEDERAL
INS. ISS: 0135874
CGC: 00047472/0001-08

ASSOCIAÇÃO DOS LOJISTAS DO PARKSHOPPING

Nº 8894

---

canecão
apresentam

BLITZ

e a Boutique deliciosa de Maria Thereza Weiss
Abertura do Salão: **20:00 H**   Horário do Show: **21:15 H**

5.ª FEIRA   5.ª FEIRA

31 MAI 1984   Cr$ 6.000,00
dia   31 MAI 1984

mesa n.º   mesa n.º

ARQUIBANCADA

Nº 937   Nº 937

BLITZ

Praça da Apoteose

PISTA

CONVITE VENDA PROIBIDA

RADIONTIMIDADE BLITZ

PRAÇA da APOTEOSE
(Sambódromo)
SÁBADO - Dia 07/07/84 - 18:00 Hs.

PISTA

Entrada pela Av. Salvador de Sá

CONVITE VENDA PROIBIDA

Destacar na Roleta

PISTA

Nº 5171   Nº 5189

CHATEAU ROCK

JUEVES 27
VIERNES 28
DE FEBRERO

SABADO 1
DE MARZO

ESTADIO
CORDOBA

CHATEAU
CARRERAS

MUNICIPALIDAD
DE CORDOBA

Nombre: FERNANDA S. ABREU
DNI/LC: 785.803

BLITZ

MUSICO

ROCK CONCERTO

AQUARIUS

O GLOBO · SUL AMERICA

PRODUÇÃO

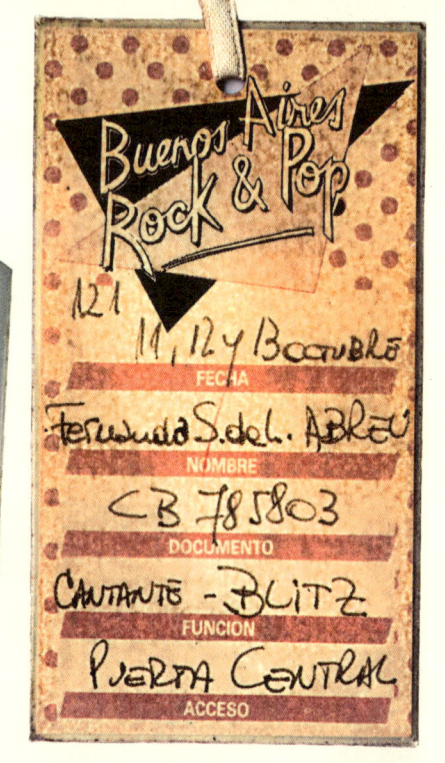

Buenos Aires Rock & Pop

N21   14, 12 y 8 octubre
FECHA

Fernanda S. del. ABREU
NOMBRE

CB 785803
DOCUMENTO

Cantante - BLITZ
FUNCION

PUERTA CENTRAL
ACCESO

credencial

RADIOATIVIDADE
BLITZ

Rock in Rio

PALCO

NOME: FERNANDA S. LACERDA ABREU
SETOR: BLITZ
FUNÇÃO: ARTISTA
N°: 824

CAMARIM

a

ARTPLAN PROMOÇÕES

CREDENCIAL

CEARÁ MUSIC
o som da atitude

Blitz

William Forghieri

CEARÁ
MUSIC

ACESSO R

14 15

Salve, salve senhoras e senhores
E rapaziada em geral
Aumentem o som e apertem,
apertem os cintos
Que nós vamos começar a subir...
Espero que vocês gostem do disco,
Assistam o show,
Vejam o filme,
E leiam o livro.
Agora sim, aí está...
Inteiro no seu vídeo,
a cores para todo o Brasil:
Blitz !

APRE-SEN-TAÇÃO

É complexo descrever o

fenômeno Blitz e como tudo começou. As madrugadas tocando violão depois de Trate-me Leão, buscando rimas para letras quilométricas, o acaso, os mestres, os mitos, as influências, as referências. Bob Marley, Hoje é Dia de Rock , Guimarães Rosa, Fellini, Chacal, Banduendes, Asdrúbal Trouxe o Trombone, futebol, os integrantes que mudavam a toda hora, as canjas, os instrumentos emprestados, os bares, as descoladas, as dificuldades, as pequenas oportunidades, o Circo Voador do Arpoador e, de repente, as pessoas certas na hora certa!

Quando "Você não soube me amar" tocou no rádio, quem ouviu parou para ouvir melhor e queria ouvir de novo, de novo e de novo. Tinha algo de muito diferente, divertido, sexy, no ar. Era a Blitz.

A Blitz apareceu como uma história em quadrinhos com letras contemporâneas, uma moderníssima linguagem gráfica e muita atitude cênica.

O disco era bom, mas o show era um espetáculo! Virou uma febre, uma epidemia, uma mania. Revolucionou o mercado e transformou a vida dos integrantes da banda. Da noite para o dia ficaram famosos, ricos, foram reconhecidos, desejados, amados, idolatrados e imitados. Mas, como dizia meu amigo Vicente Pereira, um dos pais do besteirol, poucos passam pelo portal do sucesso sem seqüelas. Com a fama vieram os interesses, os egos, as inseguranças, a competição, o ciúme, a disputa de poder, as brigas e a trilogia sexo, drogas e rock and roll.

Detalhes de como tudo aconteceu contados pelos próprios integrantes e pelas pessoas que estavam por trás dos panos. Tudo isso faz parte da nossa história, da nossa música e da nossa memória!

Depois do disco e do show, delicie-se com O LIVRO. A verdadeira história do maior fenômeno musical dos anos 80.

Imperdível!

Patrycia Travassos

PRÓ-LO-GO

O ano de 1998 estava

quase no fim, e eu ainda procurava pautas para o programa *Clip Brasil*, veiculado no circuito interno de TV da Universidade Estácio de Sá, no Rio de Janeiro. Este que vos escreve mal havia chegado ao *campus* da Rua do Bispo, vindo de outra faculdade concorrente, e estava cheio de gás, louco para descolar entrevistas bacanas para a então chamada "TV do poste". Dando uma folheada na revista *Showbusiness*, publicação trimestral onde os artistas anunciam seus serviços, fiquei pasmo ao encontrar um tijolinho da... Blitz! De cara pensei: "Ué, esses caras ainda existem?". Na mesma hora, tratei de ligar para o número disponível e conferir se o contato era mesmo quente. Do outro lado da linha, Toninho, empresário da banda na época, não só confirmou a existência dos *highlanders* do rock Brasil como me prometeu uma exclusiva com a rapaziada; ele havia armado um show surpresa de fim de ano em um restaurante mexicano na Barra da Tijuca, o El Palomar, de um amigo do Evandro. Detalhe: a apresentação seria surpresa não só para o público... mas também para o grupo.

De última hora, tentei com o Núcleo de Comunicação da Estácio equipamento para cobrir a encrenca. Não fui feliz: as câmeras já estavam todas reservadas. Mas a vontade incontrolável de registrar o jantar-show era tanta que cometi uma das muitas deliciosas irresponsabilidades da minha vida louca vida: mesmo ainda sendo um estudante duro, de vinte e poucos anos, resolvi bancar do próprio bolso o aluguel de um equipamento completo de externa para não perder a matéria.

Acompanhado pelo cinegrafista da produtora e pelo amigo de todas as horas, ex-colega de banda e pau pra toda obra televisiva, Eduardo Akira, cheguei ao destino final: o Parque das Rosas, uma espécie de praça de alimentação que abastece um condomínio chique da Barra da Tijuca, onde fica o restaurante. Lá, conheci o Toninho pessoalmente e logo fui apresentado ao Billy, tecladista da banda. William Forghieri (nome de batismo do Billy) me inteirou sobre a fase que a Blitz vivia na época. O grupo que, como dizem por aí, "arrombou a porta da MPB e apresentou ao país a nova música para jovens" no início dos anos 80 vivia no que Marcelo Sussekind (renomado produtor musical e ex-Erva Doce) brilhantemente batizou de *underground* luxuoso; ou seja: mesmo sem gravadora, sem mídia e sem a metade dos integrantes originais, a Blitz continuava existindo, se reunindo quando e do jeito que dava, tocando em festas pelo interior do Brasil, sempre que a lotada agenda do *frontman* multimídia Evandro Mesquita permitia.

E por falar no eterno garotão, Evandro finalmente aterrissou na área. Quase devidamente "brifado" pelo Billy, comecei a entrevista com a galera e fui apresentado aos novos e flutuantes integrantes da trupe. Terminado o papo, hora do show. Evandro & Cia. tocaram e cantaram até que os moradores dos prédios em volta chamassem a polícia por causa do som alto. Era a deixa para que os tacos e burritos oferecidos pelo surfista Tonico fossem devidamente devorados.

Terminada a comilança, em meio a agradecimentos, despedidas e abraços de boas festas, Toninho me fez uma, digamos, elegante intimação: "Olha, cara... a gente vai fazer um puta show em janeiro na Fundição Progresso, ali do lado onde ficava o Circo Voador, pra abrir 1999 botando pra foder! Tu não tá a fim de aparecer lá e gravar tudo?". Bom, não preciso nem dizer aqui que o *ex-roadie* da carreira solo de Evandro ofereceu banana a um macaco faminto.

Levei o convite a sério, descolei um equipamento semiprofissional, já que a universidade estava de férias, e fui cobrir a festa-show desde a passagem de som. Eu e Akira gravamos a montagem do palco, fizemos um *making of* da passagem de som, conseguimos entrevistar alguns dos músicos e voltamos à noite para captar imagens do show, depoimentos do público e a entrevista que estava faltando, a do sempre escorregadio Evandro Mesquita. Tudo feito como manda o figurino. Acontece que, no meio da apresentação, descobrimos que uma produtora estava gravando o show na íntegra a pedido da Fundição! Dei um jeito de conseguir as fitas no meio da semana seguinte e, o que era para ser uma simples reportagem universitária, acabou virando um especial de quase duas horas, que foi exaustivamente reprisado pela TV Comunitária do Rio. Se bobear, até hoje devem reprisar o "Espaço Aberto" da Blitz.

Quando o Toninho viu o programa no ar, me fez uma outra intimação: "Pô, Rodrigão, por que você não pega a estrada com a gente e leva a tua câmera pra gravar umas paradas? Depois a gente usa esse material pra divulgar a banda, tá a fim?". Mais uma vez, convite aceito na hora. Devo ter feito umas quatro ou cinco viagens de ônibus com a Blitz em 1999. Conheci melhor a história da galera, vi de perto as dificuldades da estrada, fui testemunha da disposição que é preciso ter para tocar em lugares com estruturas humildes demais para receber a banda que vinte anos antes viajava com caminhão próprio e, principalmente, virei amigo de pessoas que foram verdadeiros ídolos de infância.

Lembro bem de duas passagens com a Blitz que me marcaram quando criança: a primeira, de 1982, ano em que a banda estourou. Na época havia trocado a Tijuca por Botafogo e estudava no colégio Dínamis. Numa gincana de férias da escola, um grupo tinha a ingrata missão de levar algum artista famoso para completar uma das provas. E não é que alguns dos meus coleguinhas conseguiram arrastar o fenômeno pop do momento direto para o pátio da humilde instituição de ensino? Lembro bem até hoje como fiquei hipnotizado na frente dos caras e das lindas *backing vocals*, Fernanda e Márcia.

A segunda passagem foi o meu batismo em grandes shows: se não me engano, em 1984, fui com os meninos mais velhos do prédio à Praça da Apoteose assistir ao meu primeiro concerto de rock ao vivo. Apesar de assustado com o volume de som, mais uma vez fiquei hipnotizado com a Blitz, só que dessa vez pela incrível movimentação que vi no palco.

Do final dos anos 90 pra cá, fui ficando cada vez mais próximo de Evandro, Billy e Juba, remanescentes da formação original. Fui a um incontável número de shows, fiz outro tanto de matérias com a banda e, com a febre dos *blogs* na internet, quase obriguei a rapaziada a criar um diário de bordo na internet. Hoje, o Blitzmania (www.blitzmania.com.br) é o canal mais estreito que o grupo tem com os fãs. Com o site no ar e motivado pelas biografias musicais de Titãs, Paralamas do Sucesso, Barão Vermelho e RPM, pensei: "Caramba, as aventuras da Blitz precisam virar livro também! Como a banda que começou tudo ainda não teve a história contada?".

Mesmo cheio de medo, inseguranças e assustado com a responsabilidade de colocar no papel uma das mais fantásticas, interessantes, turbulentas e divertidas histórias da recente música brasileira, resolvi topar um desafio com certeza muito maior do que a minha limitada capacidade jornalística e escrever as mal traçadas que seguem.

Rodrigo Rodrigues

CAPÍTULO 1

O ROCK ARMA O CIRCO (ASDRÚBAL TROUXE O TROMBONE E MARINA, A BANDA)

Ou vai ou racha essa merda. Ou dá ou desce. Esse era o clima de uma Blitz pós-Carnaval de 1982 prestes a fazer seu derradeiro show no Arpoador. A banda andava cansada da pouca grana que as apresentações rendiam; mal dava para cada um bancar um PF com o mirrado cachê dividido entre os numerosos integrantes da trupe. Fora que o trio formado por Billy Forghieri, no teclado, Lobão, na bateria, e Antônio Pedro, no baixo, vinha especialmente cansado de tripla jornada musical; além da Blitz,

Evandro e Patrycia: dupla que repetiria na Blitz o sucesso do Asdrúbal

os três tocavam com Marina, hoje Lima, e às vezes com a Gang 90, de Julio Barroso. O bicho pegou de vez quando as agendas bateram e rolaram três shows no mesmo dia: Marina no Teatro João Caetano, Blitz no Circo e Gang no Noites Cariocas do Morro da Urca. Saldo da overdose musical: Lobão não agüentou o tranco e passou mal, teve uma crise epilética. Diz a lenda blitzniana que quatro bateristas, entre eles Paulinho "Motoka" Zdanowski – guitarrista e compositor da banda Brylho –, ficaram revezando as baquetas até que João Luiz Woerdenbag Filho se recuperasse da maratona a tempo de encarar a terceira e última gig do dia. Marcelo Sussekind, guitarrista do Herva Doce (lembra do "Amante profissional"?)

e renomado produtor musical que sempre aparecia com sua guitarra pronto para mais uma canja com a Blitz, viu que o Motoka estava engasgando e resolveu subir ao palco para assumir a bateria. Mas aos berros, lá pela quinta música, o Sussekind implorava quase sem forças do fundo do palco: "Toca uma lenta, pelo amor de Deus, toca uma lenta...".

O cansaço era justificado. Afinal, boa parte da banda vinha ralando desde o início dos anos 80, época dos ensaios para o primeiro show no bar Caribe, em São Conrado, que depois virou Park's. E foi lá que, no dia 21 de fevereiro de 1981, o cruzamento do grupo teatral Asdrúbal Trouxe o Trombone com a banda da Marina, formada por Lobão e uns amigos do Colégio Rio de Janeiro, tomou forma. Dá pra dizer que a Blitz é resultado de uma pororoca artística, e das boas. "Foi o encontro de músicos que eram órfãos do que aconteceu nos anos 70, tipo Vímana, rock progressivo, com uma outra turma charmosa e descolada da zona sul. E todas essas idiossincrasias e choques culturais formaram uma linguagem riquíssima que deu na Blitz", conclui Lobão.

O ex-baterista do Vímana entrou para a banda de Marina Correia Lima no final dos anos 70, substituindo o amigo Claudinho Infante. "Eu vinha há quatro anos sem tocar, agarrei aquilo com unhas e dentes, toquei igualzinho ao disco", explica Lobão. Zé Luiz, saxofonista e ex-colega de escola do baterista, já estava no grupo e tinha ajudado a fazer a ponte entre a cantora e o Lobo. Depois Guto Barros, outro amigo dos tempos de Rio de Janeiro, se juntou à turma assumindo as guitarras. Na direção do show, o alucinado Wally Salomão, que incentivava uma participação quase teatral dos músicos na temporada de quinze dias que Marina faria no Teatro Ipanema. Na época, o grupo de teatro de vanguarda formado por gente do quilate de Regina Casé, Luís Fernando Guimarães, Patrycia Travassos, Perfeito Fortuna, Nina Pádua, Hamilton Vaz Pereira e Evandro Mesquita dividia o palco do teatro da Rua Prudente de Moraes, 824, com a cantora. A trupe tentava repetir o sucesso de Trate-me

Leão com o espetáculo Aquela assinado pelo poeta Chacal, nome da companhia teatral Regina Casé usava com o pai, Quando criança, a atriz fazia para saber se uma festa es- o trombone?".

Coisa Toda, com texto também às 21 horas. Curiosidade: o carioca vem de um código que o diretor de TV Geraldo Casé. ao pai a seguinte pergunta tava chata: "Asdrúbal trouxe

Evandro Nahid de Mesquita Comunicação Social e Educa- cabeça nas ondas de Ipanema tica. Quando ele viu a monta- tudo que eu queria ver e fez

tinha desistido do vestibular de ção Física para mergulhar de e, de tabela, na carreira artís- gem de Hair se descobriu: "Era a minha cabeça", confessa. A

partir de 72 começou a participar de musicais, sempre cantando e tocando gaita: Hoje é Dia de Rock, A China é Azul e Tropix. Mas antes mesmo do teatro, ainda criança, já fazia um som com Os Brasas, primeiro projeto de banda com os primos. As "apresentações" rolavam no sítio da família e foram filmadas por um tio em 16 mm. O clipe foi recuperado e faz parte dos extras do DVD *Blitz ao Vivo e a Cores*, lançado em 2007. Anos mais tarde, já adolescente, passou a tocar Dylan, Beatles, Stones e Marley com a rapaziada de Saquarema, a "Mara- canã do surfe brasileiro". Tudo num clima de curtição, ninguém pensava em fazer sucesso ou gravar disco. Na beira da praia de Itaúna, pertinho de onde a galera morava, ficava um

puteiro tosco, cheio de quengas feias que serviam aos pescadores da região. "Tinha cerveja gelada, um palquinho com amplificador e microfone; era o que gente precisava pra tocar a noite toda. Um dia até a Angela Ro Ro deu uma canja lá com a gente", lembra um saudoso Mesquita. O rústico estabelecimento atendia pelo nome de Trapézio, no entanto logo ganhou o sugestivo apelido de Trepázio. Aos poucos a banda dos surfistas da região foi formando um público fiel. "Comecei a arriscar umas músicas em português e vi que dava pé", recorda Evandro. No meio das músicas em português que faziam a trilha sonora da distinta casa de massagens praiana, estava o que viria a ser o refrão de "Você não soube me amar". Justamente em homenagem aos tempos de Saquarema, o nome do surfista Zeca Mendigo foi parar nos créditos da música. Pode pegar seu LP ou CD e conferir os créditos: Evandro Mesquita/Ricardo Barreto/Zeca Mendigo/Guto. Aliás, foi também nessa época que, ali pelo píer de Ipanema, no final dos anos 70, o aspirante a cantor esbarrou pela primeira vez com o guitarrista Ricardo Barreto.

Barreto beirava os 25 anos na época e trabalhava com artes plásticas, apesar de já tocar violão. Mas resolveu jogar tudo para o alto e viajar pelo Brasil. Tocou nas bandas Piloto Automático, em São Paulo, e Jhara, em Florianópolis. "Na viagem, comecei a tocar mais e me dedicar à música. Eu era um andarilho, um tipo de hippie brasileiro. Fiquei nessa vida até 78. Quando voltei ao Rio, comecei a trabalhar em teatro, no Asdrúbal. Ao mesmo tempo em que cuidava do cenário, juntei-me com Evandro para tocar. Encarei a platéia pela primeira vez no lançamento de um livro no Planetário [da Gávea]", contou o guitarrista e compositor à revista *Manchete* em 1983.

Voltando à dobradinha cultural do Teatro Ipanema, Marina fechava os trabalhos à meia-noite com o show do eclético *Olhos Felizes*, o segundo e sofisticado disco da morena de voz rouca que, segundo Nelson Motta no livro *Noites Tropicais*, enlouquecia a rapaziada jogando frescobol na praia. Um dia Lobão ouviu de Wally Salomão que o personagem de Evandro Mesquita na montagem asdrubalina, um surfista que curtia levar um som, fora batizado pelo poeta Chacal justamente de Lobão. E o original, intrigado com a história, apresentou-se ao ator depois do espetáculo: "Ei, você é o Lobão? Eu também!". Fora que o baterista tinha ficado encantado com o que vira no espetáculo, principalmente a parte em que Evandro e o parceiro Ricardo Barreto, primo de Regina Casé que ajudava na equipe técnica do Asdrúbal, tocavam e cantavam. "Eu fiquei impressionadíssimo, as letras eram maravilhosas! Na mesma hora vi uma luz no fim do túnel. A gente andava meio perdido, sem saber se virava Edu Lobo ou Chick Corea, o rock tinha morrido. De repente, Evandro e Barreto chegam tocando 'Knockin' on heaven's door', canções simples". Nisso, Lobão e os amigos de colégio se entreolharam e resolveram: "Vamos chamar esses caras e fazer uma banda", simples assim. "Só lembro que dias depois a gente já tava com eles na casa do Joá fazendo um som", lembra Guto Barros. A casa do Joá era o quartel-general musical de Lobão, espécie de herança dos tempos de Vímana, banda de rock progressivo conhecida do underground carioca no final dos anos 70 capitaneada pelo tecladista suíço Patrick Moraz (ex-Yes). Luís Maurício Pragana dos Santos (Lulu Santos), Richard David Court (Ritchie) e o baixista Fernando Gama completavam o grupo. Estamos na pré-história blitzniana.

A Company era uma loja de surfwear das mais famosas do Rio de Janeiro. Cristina Magalhães, que atacava de modelo e relações públicas da grife, um dia esbarrou com o namorado na praia e soltou: "Evandro, você não tá tocando com uma rapaziada?". Mesquita, que de bobo nunca teve nada, não deixou passar: "Não estava, mas disse que estava". Cristina explicou que Mauro Taubman, dono da loja de roupas, havia aberto um bar em São Conrado e precisava preencher a agenda de shows da nova casa. Foi a deixa para que o ator saísse correndo atrás daquela rapaziada que tocava com a Marina. Nascia a primeira formação da Blitz: Evandro Mesquita na voz, Guto Barros e Ricardo Barreto nas guitarras, Lobão na bateria, Zé Luiz no sax e Junior Homrich no baixo.

O nome, aliás, foi sugestão de Lobão, já que a rapaziada vivia tomando dura da polícia naqueles tempos. "A cada esquina cabeludos eram parados", lembra Evandro. Fora que o Police estava para aterrissar pela primeira vez em terras brasileiras. Lobão, tão irônico quanto inspirado, soltou a seguinte pérola: "Se tem Police, tem Blitz!". Porém a turma fez cara

42

Mesmo figurino, nova integrante: já com Fernanda Abreu nos vocais

feia e não aprovou, mesmo com o baterista argumentando que era um nome forte, universal, "Blitz é blitz em qualquer lugar, porra!", insistia. "A reação foi 'mas a gente é amor, essa mensagem não tem essa cara, a gente é amor, nunca isso vai acontecer'. Aí, cortaram", conta Lobão. Mas, no dia seguinte, toca o telefone: era a hostess gostosa do Bar Caribe, querendo saber o nome da banda para rodar os cartazes no mimeógrafo, o antepassado das máquinas fotocopiadoras. Teria rolado o seguinte diálogo entre o Lobo Mau e a funcionária caribenha:

"– Olha, tem que dar um nome porque tem que botar no cartaz.

– Pô, nós não temos nome...

– Mas como não tem nome?

– A gente não tem nome, a gente tentou aqui, mas não saiu um nome legal.

– Pô, mas vocês não discutiram nenhuma vez sequer sobre o nome?

– Discutir, não. Eu até sugeri um nome, mas foi veementemente vetado.

– E não tem outro?

– Não.

– Então, me dá esse aí!

– Blitz.

– Blitz? Puta que pariu, esse nome é genial! Blitz no Caribe, sensacional!

– Pô, até que enfim você tá tendo a reação que eu tive quando eu pensei em Blitz!".

Evandro acha pouco provável que esse diálogo do Lobo com a hostess tenha realmente acontecido. "Pô, sem querer tirar méritos e créditos do Lobão no batismo da banda, acho difícil que tenha rolado esse papo; a hostess gostosa era minha namorada", esclarece Mesquita. No entanto, como diria o próprio Lobão, "não adianta chorar porque a nega já está lá dentro". Nome escolhido, cinco ou seis ensaios e a recém-batizada Blitz estava pronta para a estréia, que já rolou em grande estilo. De cara, a banda inventou moda, o que acabaria virando uma marca do grupo: os integrantes entraram pela platéia com aqueles capacetes de quem trabalha em minas com luzes nas cabeças e lanternas nas mãos, como quem dava uma geral, uma verdadeira blitz no público. "Eu tinha acabado de vir da Inglaterra, tinha visto um show do Peter Gabriel, que entrou no palco com holofotes em cima do público", entrega

Ritchie, abusando do bom humor inglês. Lobão, por sua vez, diz que a performance foi inspirada no The Tubes, uma banda de rock com pegada teatral da cidade de São Francisco, EUA, que fez sucesso no final dos anos 70. Aliás, reza a lenda que na platéia do Caribe estava ninguém menos que John Deacon, baixista do Queen. O fato é que a *mise-en-scène* funcionou. No dia seguinte, na praia, não se falava em outra coisa. Todo mundo queria saber quando seria o próximo show, se a banda tinha disco, essas coisas todas.

No *set list* da estréia, músicas que viriam a fazer parte do primeiro LP da Blitz. Estavam lá: "Cruel, cruel esquizofrenético blues", "Vai, vai, love", "De manhã" e uma tal de "Você não soube me amar", que surgiu mais ou menos assim: um dia Evandro chegou na famosa casa do Joá com pedaços de uma letra que tinha um clima de conversa, bate-papo e blablablá. Tinha também um refrão que repetia "Você não soube me amar / Você não soube me amar", com uns dois acordes e nada mais. "Era um texto enorme de uma peça do Banduendes [por Acaso Estrelados], A Incrível História de Nemias Demutcha", lembra Mesquita. "O Guto pegou esses esquetes sem ritmo e meteu um [compasso] quatro por quatro. Aí sentiu um clima Penny Lane e sugeriu: 'Vamos fazer um refrão meio Beatles?'. Você pode ver que a guitarra é Penny Lane total", destrincha Lobão. Barreto deixou clara a influência em *O Globo* do dia 13 de junho de 82: "É um iê-iê-iê, tipo Beatles 65". Já Evandro acha a guitarrinha-do-refrão-com-aquele-rezinho-lá-em-cima "Getting better total".

Dias depois Guto Barros apareceu na Rua Lopes Quintas, no Jardim Botânico, no quartinho onde Evandro morava na época, e mostrou uma versão mais acabada da estrutura musical que vinha sendo ensaiada pela rapaziada no Joá. "Peguei o que já existia e fiz uma outra harmonia, a seqüência toda da música, dei um *shape*", conta o guitarrista. "O Zé Luiz, do sax, também deu uma força no arranjo", completa. "O Guto foi fundamental nessa música: ele arrumou o lance falado de 'Você não soube me amar' e criou os *riffs* de guitarra". E Lobão arremata: "A estética e o charme eram do Evandro, que é um gênio nesse sentido. Mas quem formatou o lance foi o Guto. Isso que é bacana: você não sabe quando começa a importância de um e termina a do outro", conclui o Lobo. De volta à Rua Inglês de Souza, Evandro, vendo Guto sentado na beirada da cama tocando a música ajeitadinha, exclamou:

Billy com a tradicional cara de "Foooooooooooda-se"

"Puta que pariu, é isso!". E assim começava a tomar forma o primeiro e irresistível megahit do chamado Rock Brasil dos anos 80, que vendeu milhões de cópias.

Contudo como a Blitz ainda não existia de fato, rolava um entra-e-sai danado de integrantes. A formação estava longe de se cristalizar, não era o tipo de som que Guto, Zé Luiz e Junior curtiam muito. Tanto que logo na segunda apresentação, já no badalado Noites Cariocas do Morro da Urca, administrado por Nelson Motta, Arnaldo Brandão, que já levava um som com Evandro muito antes da Blitz e mais tarde formaria o grupo Hanoi Hanoi, empunhava o baixo no lugar de Junior Homrich. "Eu fiquei alguns meses ensaiando e tocando com eles, mas na época também tocava com Caetano e com a banda Brylho, do Claudio Zoli. Acabei saindo um pouco antes das meninas entrarem pra fazer uma turnê com o Caetano", conta o eterno Hanoi. Junior Homrich, que depois virou Junno, acabou largando o baixo e virou percussionista e fez trabalhos importantes no exterior.

Depois da saída de Junior e da passagem-relâmpago de Brandão, era a vez de Claudinha Niemeyer, que já levava um som instrumental com a irmã Beti na guitarra e Lobão na bateria, assumir o baixo. "Um dia Lobão mencionou que tocava com um tal de Evandro, ator, e seu parceiro Barreto. Falou no nome Blitz e contou que já tinham feito dois shows, um no Bar Caribe e outro no Morro da Urca, com os baixistas Arnaldo Brandão e Junior Homrich", conta Claudinha. "Mas quando ele quis me apresentar aos caras, fiquei na dúvida. Só quando Lobão falou que o lance era superdespretensioso, apenas uma curtição com letras engraçadas e usou a expressão *just to have fun*, topei fazer a experiência", resume.

Claudinha acabou entrando mesmo para a banda, ensaiou e fez alguns shows com a galera, entre eles a famosa apresentação na boate Papagaio, de Ricardo Amaral, apelidada pela galera de Papagay, por motivos auto-explicativos. E justo lá a performance teatral da Blitz com a participação do grupo Banduendes por Acaso Estrelados, uma espécie de braço do Asdrúbal coordenado por Evandro e Patrycia Travassos, foi vaiada pela audiência. Lá também debutaram as backing vocals Márcia Bulcão e Katia Bronstein. "Eu jogava futebol pelo time da [Universidade] Gama Filho e o Valtinho, goleiro, era promoter da Papagay e convidou a gente pra tocar lá", conta Evandro. O cantor, meio em crise com o Asdrúbal, canalizou as energias para a Blitz e caprichou na produção do show. Mas a cada música que falava de mulher, os gays ficavam incomodados e começavam a vaiar. Para "ajudar", o DJ tascava música mecânica entre uma canção e outra tocada pela Blitz. Evandro, puto com a situação, resmungava ao microfone: "Ô, veado... abaixa essa merda aí que o show não acabou!". A gota d'água foi um cartaz que o vocalista fez para responder às provocações que vinham da platéia: "Ca-gay". Mesmo meio constrangida, a Blitz tocou até o final as 12 ou 15 músicas que havia ensaiado. Depois do show, Evandro foi tomar satisfação com o DJ, colocou o amplificador emprestado por Dadi no Fusca, também emprestado pela tia Murina, e ficou rodando pela Lagoa para esfriar a cabeça. "A Katia foi muito legal, me deu colo, ombro e ouvidos", lembra o cantor. Curiosidade: o cachê do show foi pago em roupas da Company, que Evandro e Barreto foram buscar na loja da Rua Garcia D'Ávila, em Ipanema.

Pouco depois da traumática experiência na Papagaio, a Blitz se meteu em outra roubada: um "show" em Juiz de Fora, divisa do Rio com Minas Gerais. "Já tinha me apresentado em Juiz de Fora com o Asdrúbal, e foi tão legal que voltamos para dar um curso de uma semana por lá. Ficamos hospedados num convento de freiras carmelitas, quase santas. De noite faziam lanche pra nós, mas fechavam os portões às 20h. Depois disso, tínhamos que pular o muro pra poder entrar. Até hoje penso com muito carinho nelas por terem nos permitido ficar por lá com nossos sonhos e loucuras", lembra Evandro, agradecido.

O "evento" rolou num modesto rinque de patinação, segundo Claudinha Niemeyer. "Fiquei decepcionada e intrigada, mas disfarcei; achava que era muita vontade de tocar por parte deles. De onde tiram essa motivação?", pensava. A cena era desanimadora mesmo: o "camarim", atrás do "palco", era um terreno baldio e escuro. A aparelhagem ficava montada de um jeito meio improvisado, no chão mesmo. "Até tinha um movimento legal do lado de fora, mas poucas pessoas do lado de dentro. Mesmo assim estava otimista, achando que quando começasse o show as pessoas correriam pra dentro", conta Evandro. Mas o vocalista estava enganado. A Blitz já atacava a quarta música do set list e nada da galera aparecer. "Cheguei a pedir para abrirem os portões, mas ouvi a resposta de que eles já estavam abertos e as pessoas continuavam lá fora", completa. "As crianças patinavam pra lá e pra cá. Aos poucos surgiram os pais, que foram se aproximando da gente e trazendo os pestinhas, que acabaram se esbaldando e dançando num frenesi infantil", conta Claudinha.

Tide, um amigo de Evandro, apareceu para fazer uma graça na percussão. E mesmo com as condições precárias de som e de público, o show foi registrado num gravador de apenas dois canais. No repertório, estavam: "Volta ao mundo", "Vítima do amor", "Chacal blues", "Vai, vai, love", "Knockin'on heaven's door", "Go, Johnny, go", "Cruel, cruel esquizofrenético blues", "De manhã", "Beijo da mulher aranha", "Você não soube me amar" e "A vida que eu levo". "Tinha também uma música que não lembro o título, o refrão é: 'Terra, aqui vou eu'", diz Claudinha puxando pela memória.

Na viagem de volta ao Rio, um susto na Kombi que levava a rapaziada: Lobão teve um ataque epilético brabo que deixou todo mundo assustado. Há três dias sem dormir e cansado da pauleira que era montar e desmontar a bateria e carregar amplificador de um lado para o outro, o Lobo não segurou a onda. "Eu tinha muita crise desde meus 12 anos e tava virado havia três dias. Quando estava muito cansado fisicamente ou estressado, era batata", conta Lobão. "Ele tava do meu lado quando teve a crise, eu sabia que tinha que tentar desenrolar a língua. Quando coloquei o polegar pra puxar a língua, ele trincou e eu fui à Lua, lutando pra tirar meu dedo da boca do Lobo. Graças a Deus ele se recuperou logo, mas eu fiquei uma semana com o dedo roxo por causa daquilo", lembra Evandro. Claudinha, que voltou do show de carona num Corcel Del Rey, escapou do susto. "Só fiquei sabendo depois, quando nos reunimos para ouvir a fita K7 com a gravação do show."

Como tudo que cerca Lobão, a história do começo das crises epiléticas dariam um belo roteiro de curta-metragem. "Eu tinha 12 anos e estava lendo três livros ao mesmo tempo. Aí botei um Pink Floyd e chamei o Exu caveira no meu quarto, que é a entidade mais forte do candomblé, o dono do cemitério. Quando dei por mim, tinha vomitado e quebrado tudo em volta", conta. E, como sempre, João Luiz descola um grand finale para a insólita história: "Fui curado em 1992 pelo doutor Navarro, um médico italiano que me aplicou uma técnica chamada vegetoterapia, com luzes nos olhos. Mas eu tinha o maior orgulho de ser epilético, e fiquei muito triste quando fui curado. Eu me achava muito especial, era a 'marca do gênio',

uma coisa meio Machado de Assis. Também achava que aquilo era um cartão de visitas do mais alto gabarito, altamente charmoso. Me senti muito normal quando me curei, um certo alívio e um vazio ao mesmo tempo. Confesso que sinto saudade das minhas amnésias pós-crises, do meu raciocínio pseudo-ilógico", conclui.

Voltando ao entra-e-sai de baixistas, Claudinha acabou deixando a banda pouco tempo depois da apresentação em Juiz de Fora, no dia de um outro malfadado show que a Blitz faria no lançamento do filme *Menino do Rio* (em que Evandro interpretou o surfista Paulinho), no Morro da Urca. À tarde, numa reunião na casa da baixista, Lobão estressou com a galera e se mandou para tocar com Lulu no mesmíssimo show da festa de lançamento do longa de Antônio Calmon, que reuniria diversas atrações musicais. No entanto logo a Blitz, para a surpresa de todos, foi "limada" em cima da hora. "Chocados, andamos desorientados até a orla com nossos instrumentos tentando nos refazer. Foi horrível, segurei uma vontade de chorar, pois gostava muito de tocar e me sentia envolvida, mesmo só tocando baixo. Pouco depois liguei pro Evandro, pois ainda me sentia desconfortável com aquela zona, e perguntei como as coisas iam ficar, mas logo percebi que nada mudaria", lamenta. Mais uma baixa na Blitz.

Meio chateado com o show na Papagaio e com o Asdrúbal se desintegrando, Evandro raspou a poupança e resolveu dar um tempo em Nova York, onde estava Patrycia Travassos. "Fui pra Nova York comprar o meu primeiro [violão] Ovation e uma guitarra Kramer com a grana de 'Alto astral', que acabou sendo escolhida pela Warner como música de trabalho [da Cor do Som]". Já na Big Apple assistiu a shows de Bob Dylan, Frank Zappa, Devo e aproveitou para ver umas peças de teatro, on e off Brodway. Foi lá também que encontrou com Sérgio Dias, dos Mutantes, que deu a dica para que Evandro envelhecesse o case do instrumento com pasta de dente para driblar os fiscais da alfândega. O truque mutante não adiantou muito. Assim que o estojo foi aberto já em solo brasileiro, a pintura estalando de nova chegou a refletir na cara da fiscal, que indagou:

– Qual a nacionalidade do violão?

Evandro, na lata, respondeu:

– Essa viola fala todas as línguas... a língua da música, dos deuses.

Antes de cair na lábia do artista e liberar o instrumento de vez, a fiscal chamou os colegas de alfândega e fez um certo terrorismo. Só depois de presenteada com um compacto da Cor do Som guardado especialmente para situações como aquela, ela deu sinal verde a Evandro, naquela altura do campeonato já com o cu na mão. Na volta, inspirado pelos Blues Brothers, resolveu que era hora de dar um gás na Blitz. "Era o que eu queria fazer, o que me dava prazer."

No início de 82, outro integrante da formação originalíssima se mandava: Guto Barros resolveu deixar a banda e se mudar para os Estados Unidos. "O último show que eu fiz foi no Relicário, que ficava bem na ponta da Estrada do Joá. Eu saí porque queria fazer outro tipo de som, gostava de rock pesado dos anos 70, tipo Led Zeppelin e Black Sabbath. Foi uma questão estética, mas eu gostava das letras", argumenta. O guitarrista anunciou a saída num ensaio no apartamento de Lobão. "Lembro do Pedro na cozinha tentando me convencer a ficar, mas eu estava decidido", recorda. Guto chegou a receber pelo correio uma revistona semanal brasileira enviada pelo irmão que estampava sua ex-banda na capa com o seguinte título: Ok, Blitz, você venceu. O saxofonista Zé Luiz também se mandou, foi tocar no Garagem. Nesse mesmo ensaio, com Billy e Fernanda chegando na banda, Lulu Santos decretou quando ouviu "Você não soube me amar": "Essa é a *hit song* de vocês!". O faro de *hitmaker* de Luís Maurício não poderia ter sido mais apurado.

Blitz informa: sai um e entra outro. Nessa mesma época, um outro conhecido de Lobão acabaria de vez com o entra-e-sai de baixistas na banda: direto de Nikiti, como a cidade de Niterói é carinhosamente chamada, veio Antônio Pedro Fortuna. Aliás, o músico niteroiense chegou a tocar no famoso LP em que o gordinho da Tijuca inovou gravando com dois baixistas. Depois substituiu Liminha na fase carioca dos Mutantes, entre 74 e 76, e tocou com Lulu Santos, Robertinho do Recife e até com Raul Seixas. Tudo isso em quinze anos de estrada, aos 14 já tocava em bailes na cidade fluminense. Um belo dia Pedro recebeu um chamado de Lobão: "Era pra tocar com Marina Lima e depois na Blitz, que estava no começo. Nessa época fiz também uns trabalhos com a Gang 90 e gravei o primeiro disco solo dele [Lobão]",

Divulgando o compacto: uma das muitas canjas de Marcelo Susse kind

esclarece Antônio Pedro. "Nós formamos uma panelinha, uma unidade: eu, Antônio Pedro e Billy", completa o Lobo. "Conheci Lobão quando ele entrou para o Vímana, onde já tocavam Lulu Santos e Ritchie. Eu era dos Mutantes e tínhamos um mesmo grupo de amigos. No começo dos 80 fazíamos uma dupla de área e tocávamos com Lulu, Gang 90 e Marina Lima, quando pintou o Circo Voador. Ele e Ricardo me chamaram pra Blitz", conta Pedro. "Acho que foi um momento necessário para a música brasileira. O cenário estava parado com aqueles medalhões de sempre dando as cartas. Na verdade, a base musical da banda – eu, Ricardo [Barreto], Evandro e Lobão – vinha dos anos 70, e tinha embasamento para começar o movimento que depois foi seguido pelos mais jovens", resume o baixista. Evandro já tinha esbarrado com Antônio Pedro em Petrópolis.

Nessa mesma época, William Forghieri, um paulista boa-praça e ex-estudante de trigonometria que Lobão conheceu, na virada de 81 para 82, num show da Gang 90 no Morro da Urca, assumiu os teclados meio que sem querer. O baterista da banda de "Perdidos na selva", Gigante Brasil, tinha perdido a última ponte aérea Rio–São Paulo. "Não lembro direito porque perdi o vôo, pintou algum outro compromisso, um imprevisto mesmo. Mas o Lobão foi lá e fez a parte dele. Tem coisas que acabam vindo pro bem", filosofa Gigante. O líder da Gang, Júlio Barroso, tinha levado um papo muito doido com Lobão minutos antes na área aberta do Pão de Açúcar e pediu para que o novo amigo quebrasse um galho assumindo as baquetas da Gang naquela noite, na qual também tocariam Rádio Táxi e Ritchie. "Rock'n roll é uma coisa simples e são pouquíssimas músicas, apenas 23", disse Barroso, segurando um gigantesco copo de gin. E o jornalista-cantor-DJ seguiu a insólita explicação: "Seguinte: vai entrar uma bailarina e, quando ela começar a dançar, você toca uma marcha estilo pelotão de fuzilamento. Aí eu entro, te dou uma olhada e você começa a tocar, legal?". Lobão topou a cilada, mas ficou tão enfeitiçado pela dançarina holandesa que a loucura de Júlio Barroso e seu repertório de "apenas" 23 músicas foi o de menos.

Naquela noite, os santos de Billy e Lobão bateram mesmo. "Ele gostou do meu estilo, do meu jeito de tocar e disse: 'Bicho, estou fazendo meu disco [Cena de Cinema] aqui. Tu não quer me ajudar nos teclados?'. Eu falei: 'Tudo bem'. E fui para casa dele, fiquei morando lá três meses, não tinha nem o São Conrado Fashion Mall ainda, estavam construindo". A Blitz, que na época ensaiava no apartamento do Lobo, ainda não tinha teclado. "Eu estava ensaiando o disco do Lobão na casa dele, que ficava passando as músicas para mim e eu ficava estudando. Até que um dia rolou um ensaio da Blitz lá. Aí, eu com os teclados lá, com tudo em cima e os caras sem tecladista, acabei tocando. Foi a primeira vez das meninas também", lembra o tecladista. "No começo eu não dava muita bola, curtia mais um jazz-rock, achava a banda musicalmente fraca", confessa. O lance é que os shows começaram a pintar

e Billy foi ficando mais longe da Gang 90 e mais perto da Blitz. E outra: Júlio Barroso tinha se mandado para uma temporada em Nova York. Quando voltou, Billy já era Blitz desde criancinha. Agora, se o sucesso da banda tivesse dependido de uma vizinha ilustre, a Blitz teria ficado no anonimato. "A Elizângela [Vergueiro, atriz global] morava no apê de baixo e vivia dando esporro na gente por causa do som alto", diverte-se o tecladista. Detalhe: Billy entrou para a banda apenas uma semana antes do show do "vai ou racha".

Curiosidade: Ritchie era vizinho de porta do famoso prédio de tijolinhos que existe até hoje em São Conrado e uma espécie de tutor de Lobão que, de tão precoce, foi emancipado. O baterista tocava na noite carioca desde os 16 anos de idade. Quando Ritchie, que andava meio down e vivia de dar aulas de inglês para executivos, ouvia o som que vinha do apartamento da frente, não resistia e batia na toca do Lobo. "Eu ia para lá e morria de inveja de toda aquela gente ali. Aparecia todo dia para ver se sobrava para mim alguma coisa", conta Ritchie. Mal sabia ele que, cerca de um ano depois, sua "Menina veneno" seria a música mais tocada de 1983.

O coro de vozes femininas começava a ganhar força. Lobão, empolgado com o som da Gang 90 e apaixonadíssimo por Alice Vermeulen (ou Pink Pank), a *absurdette* holandesa da banda de Júlio Barroso, um dia sugeriu: "Porra, vamos botar umas meninas na banda, é sexy!". Márcia Bulcão, namorada de Barreto, já levava um som de curtição, em Petrópolis e na casa de Evandro, na Rua Lopes Quintas. Um dia Márcia comentou que tinha uma amiga e que seria interessante chamá-la para a banda. Evandro e Barreto curtiam muito os vocais de Bob Marley e R&B, e tinha até um grupo chamado Kid Creole and The Coconuts na época. O cantor também achou que seria uma boa abrir espaço para diálogos musicais entre homens e mulheres. E, como quem ficava dando sopa ali no apartamento do Lobão em São Conrado acabava sempre entrando na roda, a atriz, que já curtia soltar a voz no teatro, quando se deu conta tinha virado backing vocal da Blitz. Com Márcia efetivada, outras meninas foram sendo testadas e até chegaram a cantar ao vivo, como a já citada Katia Bronstein.

Katia era cria dos cursos do Parque Lage, ministrados pelo pessoal do Asdrúbal, colega de Bebel Gilberto e Cazuza no grupo Pára-Quedas do Coração, coordenado por Perfeito Fortuna. Como a formação musical vinha de família, meio sem querer a adolescente de 16 anos um dia se viu ensaiando em Copacabana no apartamento de Barreto, onde muitas vezes a Blitz se concentrou antes das apresentações. Mas a passagem da aluna de Perfeito pela banda foi mesmo relâmpago, não durou mais do que o micado show na Papagaio. "Alguma coisa fez com que eu não me sentisse muito bem, não quis continuar. Achava que aquela não era a minha onda, eu tava mais a fim de teatro com música. Era tudo meio

Um dos muitos shows da banda no Circo Voador

brincadeira, experimentação. Eu adorava a Blitz, achava incrível, mas, na época, eu buscava minhas viagens internas", revela Katia. "Era tão perfeito, ajustado com quem ficou, que era aquilo que tinha que ser. Se não fosse daquele jeito, com aquelas pessoas, talvez a Blitz não tivesse estourado", conclui a backing vocal relâmpago. No entanto Katia continuou tocando a carreira artística: trabalhou como atriz em musicais, peças e filmes, e participou, nos anos 90, do espetáculo Básico Instinto, de Fausto Fawcett, no qual atendia pela alcunha de Katia Talismã. E ela teve sorte: conheceu o marido naquela época, um tal de João Barone, baterista dos Paralamas do Sucesso. No final dos anos 90, Katia lançou-se como cantora solo e ficou conhecida como Katia B. Voltando à Blitz, a vaga de backing vocal parecia mesmo guardada para a irmã de um ex-namorado de Márcia Bulcão, Felipe Abreu.

Márcia Bulcão de Morais e Fernanda Sampaio de Lacerda Abreu eram colegas de bairro. As duas moravam no Jardim Botânico e se conheciam do ponto de ônibus; Márcia ia para o curso de teatro e Fernanda para o de dança. Ficaram mais próximas quando o irmão de Fernanda, Felipe, namorou Márcia um tempinho. Os três chegaram a sair juntos vez ou outra. Na época, além de dançar, Fernanda arriscava-se como cantora no grupo Nota Vermelha, no qual dividia os vocais com um garoto goiano chamado Leonardo, que mais tarde ficaria conhecido como Léo Jaime. "Eu levava o Nota Vermelha ao mesmo tempo que o João Penca [& Seus Miquinhos Amestrados] e a Fernanda cantava lá comigo, ela e uma outra garota. A Blitz não tinha meninas nessa época. Eu estava preparando o meu primeiro compacto simples ainda", esclarece Léo. Até que, um certo dia, Márcia bateu um fio para a amiga Fernanda e contou que estava namorando um guitarrista que tinha montado uma banda e precisava de uma outra backing vocal, além dela. "Aí eles foram me ver cantando com o Léo no [bar] Emoções Baratas, gostaram, e me chamaram pra entrar na Blitz", explica Fernanda. Chegando ao apartamento de Barreto, em Copacabana, a nova backing sentiu que a coisa era séria. Em dezembro de 1981, a trupe já arquitetava o show que seria um divisor de águas na história da Blitz. "Logo no primeiro ensaio foi um amor à primeira vista. Fernanda encaixou como uma luva", revela Evandro. "A Blitz inovou, colocando o backing vocal em primeiro plano, ali na frente. Era uma coisa diferente aqui no Brasil", frisa Márcia. Em tempo: depois

Evandro e Barreto (para os íntimos, Eulália e Bawreto)

de meio sem querer ter feito o link entre Márcia e Fernanda, Felipe Abreu acabou seguindo carreira musical: foi vocalista da Rio Sound Machine, banda de covers que tocava clássicos dos anos 70.

O cenário das artes cariocas já era o Arpoador, que abrigava uma lona multicultural e, diz a lenda, voadora. Alunos das oficinas promovidas no Parque Lage pelo pessoal do Asdrúbal desenhavam circos que voavam, o que acabou inspirando o nome do projeto: Circo Voador. A tenda, definida por Lobão como "hippismo de alta tecnologia", ficou montada entre janeiro e março e foi o grande espaço das artes do chamado "verão do rock". Evandro comparava o Circo à uma nave mãe, da qual saíram vários filhotes. A idéia era que o próprio Asdrúbal administrasse a encrenca; porém, com o desgaste do grupo que vinha trabalhando junto desde 1974, Perfeito Fortuna comprou a briga quase sozinho. Pegou seu Karman Ghia vermelho, passou pela segurança do Palácio da Guanabara até hoje não se sabe como e conseguiu autorização da Prefeitura para começar os trabalhos. Dona Zoé Chagas Freitas, então primeira-dama do Estado, sensibilizada pelo projeto, ligou para o prefeito Júlio Coutinho e disse: "Vamos ver se você é mesmo um prefeito criativo". Num café da manhã no Iate Clube, na Lagoa Rodrigo de Freitas, Perfeito e prefeito se entenderam e o passaporte do Circo estava carimbado, rotulado, pronto para voar. Dois dos muitos alunos do agitador cultural foram testemunhas oculares dessa história: Agenor de Miranda Araújo Neto, o Cazuza, e Isabel Gilberto de Oliveira, a Bebel Gilberto, que participavam da oficina Pára-Quedas do Coração e estavam na comitiva do Perfeito. No dia 15 de janeiro uma estrutura foi montada no pedaço de terra que separa Ipanema de Copacabana. "Praia, circo, dança, poesia, tudo misturado. Foi assim", define Perfeito Fortuna. "Quando inauguramos o Circo, fizemos o seguinte: saímos a pé na contramão da Vieira Souto [avenida beira-mar de Ipanema] com a bateria de Xororó, uma banda de samba, O Coringa, que era um grupo de dança, a Blitz e os Banduendes, fazendo as performances teatrais de sempre. Foi maravilhoso! A gente levava as pessoas ao Arpoador, onde rolou a inauguração. Eu ficava no Circo dez horas por dia, mergulhando a cada meia hora, pegando onda", conta Evandro. Aliás, como o próprio gosta de lembrar, a Blitz "fez o parto do Circo".

Os shows vinham rolando na raça há tempos, mas dinheiro que era bom quase nada. Foi aí que a rapaziada resolveu fazer a tal "derradeira" apresentação no melhor estilo "ou vai ou racha" no Circo Voador. E a produção foi caprichada: Evandro Mesquita tratou de chamar os amigos influentes do meio artístico, jornalistas conhecidos e um bando de neguinho de rádio e gravadora. Billy e o guitarrista Ricardo Barreto passaram horas silkando camisetas que serviriam para divulgar a banda e, com sua venda como suvenir, ainda ajudariam a juntar uma grana extra. A galera da Cor do Som, de quem Evandro já era parceiro – a banda chegou a emplacar, em 81, a música "Alto astral" no disco *Mudança de Hábito* –, como de costume emprestou parte do equipamento.

Patrycia Travassos, que começou a namorar o ator-cantor meio que por acaso na casa de Caetano Veloso, na Bahia, vinha dando uma força geral na produção: dirigia, ajudava com os figurinos e até com o cenário. "A gente fez um cenariozinho com um pano escrito Blitz várias vezes", lembra. "Ninguém me chamou pra dirigir, foi natural. Tudo ia sendo criado conforme ia rolando", explica. E ainda tira um delicioso sarro do então namorado e colega de cena: "Sempre achei que o Evandro imitava cantor de rock superbem, deu no que deu", conta às gargalhadas. "A banda tinha uma união maneira. Todo mundo ajudava. Era um cenário aqui, uma camiseta com nome da banda ali, um amplificador emprestado acolá, roupas pras meninas e etc. E também pessoas que estavam junto conosco, como Patrycia Travassos, Chacal, Gringo [Cardia] e Luiz [Stein]; todos deram força", recorda Antônio Pedro. O circo, literalmente, estava armado. "Você não soube me amar" e outras músicas que viriam a ser clássicos da banda e da música brasileira já faziam parte do repertório.

E o que podia ter rachado deu certo. Vermelho, tecladista e co-fundador do grupo mineiro 14 Bis, ficou passado com a sonoridade da banda e as performances de Evandro e suas sensuais backing vocals. "Estávamos preparados para matar ou morrer. Sabíamos que esse projeto do Arpoador poderia ser o último da banda, já que todos tinham outros trabalhos paralelos e não tinham tempo pra perder. Mas a banda demonstrou um carisma muito forte. Daí para o sucesso foi um pulo", revela Antônio Pedro. E o pulo dos gatos e das gatas rolou no dia seguinte do que poderia ter sido o show de despedida da Blitz. Vermelho esbarrou

OK, você venceu: batata frita !

na Odeon com o produtor musical Mário Gomes da Rocha Filho, também conhecido como Mariozinho Rocha, e disparou: "Bicho, tem uma banda do caralho; tu tem que ir ver!". Mariozinho, que na época ainda não comandava a direção musical da Rede Globo, contudo já assinava como diretor artístico da gravadora EMI-Odeon, ficou interessado.

Em outra frente trabalhava Jorge Davidson, colega de Mariozinho, gerente internacional da EMI. "Mesmo na área internacional, eu já vinha dando dicas locais", esclarece Jorge. Fora que o também produtor conhecia os talentos artísticos de Evandro desde os tempos de garoto, quando estudaram juntos no André Maurois, colégio estadual que fica no Leblon. Davidson ficou sabendo que a Blitz já fazia um certo sucesso no underground carioca. "Jogando bola, numa pelada que tinha no campo do Caxinguelê, no Horto, o Jorge chegou e disse: 'Pô, me falaram que vocês estão com uma banda, que a Blitz tá demais. Eu tô trabalhando na Odeon. Vamos lá conversar com o Mariozinho Rocha'", conta Evandro. Jorge Davidson entrou na pilha, e Mariozinho acabou ouvindo a seguinte frase do empolgado colega de gravadora nos corredores da EMI: "Tem um grupo do caralho, tu não pode perder". Mariozinho retrucou: "Traz um K7 pra mim".

Jorge convidou Evandro para conhecer Mariozinho. "Levei uns jornaizinhos, cartazes e bótons da Blitz, mas não tinha nem um K7 para mostrar o tipo de som. Entrei na Odeon sozinho, sem medo e sem nada a perder, quase colocando o pé na mesa. Surpreendi o Mario e também fui surpreendido pelo humor e sinceridade dele, que me falou: 'Vou bancar um estúdio pra vocês gravarem algumas músicas. Se o diretor da Rádio Cidade gostar, eu contrato; se ele não gostar, tchau! Ok?'". Evandro, claro, disse "ok" de volta e foi correndo contar para o resto da banda, que esperava na casa de Antônio Pedro. "Abri a porta e a Márcia falou: 'Já sei, você não conseguiu, né?' Respondi: Claro que consegui! Depois de amanhã a gente grava [uma demo] no Transamérica!", completou.

Mariozinho não lembra de ter condicionado a contratação da banda à aprovação do diretor da Rádio Cidade. De qualquer maneira, Clever Pereira, coordenador de rede da Rádio Cidade, foi escalado para gravar o tal K7, ou fita demo (de demonstração), no estúdio Transamérica do Rio de Janeiro, que ficava na Rua 24 de Maio, no bairro do Riachuelo. "O

As "meninas da Blitz" com o grande descobridor: Mariozinho Rocha

estúdio ficava perto da rádio, que na época funcionava no antigo prédio do *Jornal do Brasil*. Fora que o Transamérica era muito bom e alugava horário, o que era raro naqueles tempos", explica Clever. Na época não existiam estúdios de grande porte que gravavam bandas independentes, muito menos os home studios digitais de hoje. Clever, figura importante do meio radiofônico na época, supervisionou a gravação sem dar palpites e, segundo Evandro, desbundou. "Nunca tinha visto a banda, mas saí encantado do estúdio e disse pro Mariozinho: vou tocar isso na Cidade!", conta o radialista. Reza a lenda que só duas músicas foram gravadas nessa demo, com todo mundo tocando junto como se fazia nos anos 50, mas com tudo equalizadinho, como manda o figurino musical. Detalhe: "Você não soube me amar" foi registrada sem teclado mesmo, Billy estava em São Paulo fazendo uma série de shows com a Gang 90. Fita gravada, coube a Jorge encaminhar o K7: "Ouvi, gostei e levei para o Mariozinho", confirma Davidson.

Em frente a um restaurante na Barra da Tijuca, Mariozinho ouviu, ao lado de Clever e no toca-fitas do carro, a gravação da banda e gostou. "Eles ficaram escutando várias vezes a música à noite, ao lado de carros com casais trepando. Quando os dois finalmente saíram do carro felizes da vida, Mariozinho disse que pegou até mal. O Clever falou que desde Secos & Molhados não via nada tão entusiasmante", lembra Evandro. As portas se abriam para a Blitz. Mariozinho chamou a banda para uma sessão nos estúdios da Odeon, na Rua Mena Barreto, em Botafogo. "Achei do caralho, contratei na hora! Eu me diverti, entendi o espírito, as sacanagens. Era uma coisa diferente, estranha, bem-humorada. E nem era exatamente rock, era uma mistureba danada", revela Mariozinho, tentando explicar o que ficou conhe do como breque'n roll. E completa: "Fui franco-atirador, atirei no que vi e acertei no que não vi". Márcia confirma a teoria de Mariozinho: Não adianta a gente dizer que é rock. Depois o rock termina e, a gente, como fica?". Ainda Mariozinho: "Se a Blitz tivesse sido tratada como uma banda normal, a história teria acabado ali, no mesmo dia. Não era um produto fabrica-do", ensina. Sem ter que gastar muita lábia, o produtor defendeu a contratação da banda junto à cúpula da EMI, e, pronto, a pedra fundamental do que hoje chamamos de Rock Brasil estava devidamente colocada. "Entre a audição e a contratação foi uma semana, acho. Em dez dias, no máximo, o contrato tava assinado. Foi jogo rápido", resume Jorge Davidson. O caminho estava aberto para Evandro & Cia.

Billy conta como recebeu a notícia: "Não acreditei, eu estava em São Paulo. O Evandro me ligou e disse: 'E aí, Billy?' [imitando a inconfundível voz do companheiro] 'Tu tá a fim de assinar contrato com a EMI-Odeon, gravadora dos Beatles?'. Eu falei 'O quê? Tô indo pra aí, filho da puta! Vou pegar o primeiro busão!'. Vim, cheguei cedinho e fui direto na Odeon. Assinamos o contrato, entramos no estúdio e começamos a gravar. Quando soltou a primeira música no rádio, pensei: Fodeu", explica o tecladista, empolgadaço.

Naqueles tempos era praxe lançarem primeiro um compacto para testar o potencial da chamada "música de trabalho". Mas o da Blitz tinha uma peculiaridade: só tinha música de um lado. No A, "Você não soube me amar". No B, só Evandro repetindo: "Nada, nada, nada...". "Pura 'sacação' do Mariozinho Rocha", conta Billy.

Outra sacação de Mariozinho foi ter convocado Cleberson Horsth, do recém-rebatizado Roupa Nova, para distribuir as vozes na gravação do clássico blitzniano. Quando sugeriu que o grupo de baile Os Famks (sigla para Fernando, Alceu, Marcelo, Kiko e Sérgio, a formação antiga) ganhasse uma roupagem nova e trocasse de nome em 1981, o produtor sacou que Cleberson era o ouvido absoluto do grupo, o cara que fazia os trabalhados arranjos de cordas e vocais, uma espécie de maestro pop. Daí pintou o convite para que o músico desse uma organizada nas vozes da Blitz. "Fui ver a tessitura [vocal], montar o acorde [com as vozes], ver como estava soando e tal. Eu parti da voz principal, do Evandro, e abri o acorde. A gente foi pro piano lá da EMI e deu uma passadinha. Primeiro ensaiei as meninas, depois todo mundo foi em volta e a gente passou com todas as vozes", explica o tecladista do Roupa. "Foi um prazer muito grande ter participado, foi uma honra. Eu pressenti que a Blitz ia fazer um sucesso danado quando o Mariozinho me entregou uma fita K7 com uma demo da música. Botei no ônibus e a banda toda [o Roupa Nova] sacou na hora que era fantástico", entrega Cleberson. E completa: "Tenho essa fita até hoje, guardada a sete chaves". Evandro fez um teste parecido numa festa no bairro de Santa Tereza. "Coloquei a fita K7 pra tocar e

Barreto em estúdio conferindo o som da inseparável *Stratocaster*

fiquei reparando as reações das pessoas, que foram superfavoráveis e dançantes. Ali vi que ia rolar bacana", lembra o cantor.

E rolou mais bacana do que a galera poderia esperar: nos primeiros três meses, o compacto chegou a 100 mil cópias. Acabou vendendo quase 900 mil ao todo. Só a Wella, empresa de cosméticos, comprou 200 mil disquinhos de sete polegadas para uma promoção. A Blitz estrelava um comercial do produto, e quem comprasse três xampus ganhava a bolachinha preta de brinde. Nelsinho Motta, que na época administrava o Noites Cariocas e já havia produzido um single da Gang 90 pelo fugaz selo Hot Stuff, adorou a novidade: "Fiquei louco com 'Você não soube me amar', adorei! Era uma puta novidade, um rock carioca, malandro, cheio de chinfras, a nossa cara – da praia de Ipanema. Era interessante o contraste com a Gang 90, que era paulista e nova-iorquina, radical, urbaníssima, new wave-chanchada", resume com estilo o produtor musical e escritor.

Compacto lançado e estouro garantido. A promessa de Clever foi cumprida e, para a sorte da Blitz, a saudosa Rádio Cidade bombava na época, era líder de audiência em cinco capitais brasileiras: Rio de Janeiro, São Paulo, Porto Alegre, Belo Horizonte e Salvador. "A gente arriscava, não tinha comprometimento com gravadora e nem aceitava jabá", garante o antigo coordenador. Evandro ouviu "Você não soube me amar" no rádio pela primeira vez dirigindo o Fusquinha vermelho da tia Munira pela Rua Ataulfo de Paiva, principal Avenida do Leblon. "Tive que parar o carro mesmo, não conseguia continuar, chorando de tanta emoção; desabei", lembra o cantor.

Com "Você não soube me amar" tocando de oito a dez vezes por dia nas rádios e embalando a trilha sonora nacional da novela global Sol de Verão, era hora de soltar o LP completo. Ansioso para ver o disco nas lojas, Evandro disse à *IstoÉ* do dia 8 de setembro de 1982 que já estava "mais do que na hora de acontecer". O sucesso era tanto – e quase insuportável – que o jornalista Ruy Castro escreveu assim no livro *Ela é carioca: uma enciclopédia de Ipanema*, uma coletânea de 231 verbetes, perfis de figuras e instituições que influíram decisivamente na cultura brasileira:

Ameaçadoras crianças de três anos, com o dedo no nariz, passavam o dia repetindo o refrão "ok, você venceu". Se alguém ousasse assobiar "Você não soube me amar" a seu lado, qualquer juiz o absolveria se você fuzilasse o assobiador à queima-roupa.

Estava na cara que as aventuras da Blitz começavam pra valer.

A banda assinando com a EMI. Pedro na trupe de Tim Maia e Márcia soltando a voz

CAPÍ-TULO 2

AS AVEN-TURAS DA BLITZ (BYE-BYE, LOBO, BYE-BYE...)

Depois de dois anos ralando no underground carioca, o repertório do primeiro disco já estava ensaiadíssimo, na ponta dos dedos. Era só entrar em estúdio, tocar e apertar o *rec*. Pau na máquina. "O primeiro disco era o nosso show", conta Evandro. Segundo Billy, a gravação do LP de estréia "foi rapidinha, coisa de um mês". Barreto completa: "A gente mixou em uma semana". E ainda sobrariam músicas para o segundo disco. "Era música a pampa", finaliza o tecladista.

Mariozinho Rocha não teve muito trabalho com arranjos e afins, pois a banda vinha realmente azeitada depois de quase dois anos de shows. "O instrumental era com eles, eu só me metia quando a harmonia chocava com a melodia, o que era raro. A minha atuação foi discreta", confessa o produtor, abusando da modéstia. Mas, se o instrumental ficava por conta da rapaziada, o mesmo não se pode dizer dos vocais femininos. "Tirando 'Você não soube me amar', que veio pronta do compacto, as outras vinham sem vocal. Bolei as vozes de todas as outras músicas", finaliza Mariozinho. Evandro confirma a história: "Mariozinho compreendeu a bagunça, o humor, ajudou muito a gente no estúdio, especialmente nos arranjos vocais.

Imagina, a gente mal sabia confessa o vocalista. Antônio da época: "O primeiro disco foi que é uma empresa inglesa. O príncipe Charles um ano antes lhões da gravadora, sambistas então no estúdio dois, onde ti- canais inglesa antiga que, se- usada em gravações dos A história nunca se con- sorte, isso deu". E bota sorte LP gravado, era hora de colocar os fones de ouvido", Pedro lembra de uma lenda gravado nos estúdios da EMI, estúdio um foi inaugurado pelo e era reservado para os meda- e cantores da MPB. Ficamos nha uma mesa de som de 16 gundo os técnicos, teria sido Beatles. firmou, mas que a mesa deu nisso. pensar na capa. Entra em cena uma dupla de designers que seria responsável por toda a caprichada e inovadora identidade visual da Blitz: Gringo Cardia e Luiz Stein. Os dois eram sócios do estúdio chamado A Bela Arte e conheceram a então bailarina Fernanda Abreu num festival de dança em Salvador. Gringo e Luiz assinavam os cenários e toda a produção gráfica do grupo Coringa, que contava com a hoje badalada coreógrafa Débora Colker. A dupla também cuidava do material de divulgação da companhia de dança, já inspirado no universo pop dos quadrinhos, que pautaria todo o projeto gráfico da Blitz. Luiz e Fernanda começaram a namorar e, quando a bailarina virou backing vocal da Blitz, sugeriu que o então namorado e atual marido, com o parceiro Gringo, fizesse a parte visual do grupo. É bom lembrar que os designers, via Bar Caribe, já haviam assinado um cartaz na pré-história do grupo. Luiz e Gringo cuidavam da programação visual do bar de Mauro Taubman onde, ainda com Lobão, a Blitz fez o primeiro show.

A dupla dinâmica da Bela Arte resolveu complementar o lado teatral de Evandro & Cia., já turbinado pela namorada do vocalista, Patrycia Travassos. "Com referências do universo das histórias em quadrinhos, a gente conferiu à banda um teor 'pop plástico', como o artista Andy Warhol vinha fazendo há tempos", explica Gringo Cardia. Evandro, fã de quadrinhos que se arriscava como desenhista (ver o livro *Xis-tudo*), topou de cara. "Evandro gostava muito, já tinha desenhado para umas revistas underground", lembra Luiz Stein. A capa, coloridíssima contrastando com um fundo branco e totalmente pop, "abriu as portas do *grand monde* das artes visuais pra gente", completa Gringo. A dupla ainda batalhava no mercado alternativo.

Antes de mais nada, é bom lembrar que em 1982 o acesso às referências do que rolava de bacana no universo do design (e outras artes) era para poucos. Não existia internet, TV a cabo, nada, nada, nada. "Naquela época, imagina, fazia uma enorme diferença, por exemplo, quem tinha e quem não tinha viajado para Nova York, Paris ou Londres", frisa Stein. Quando a dupla assumiu os trabalhos, o compacto já estava a caminho de 1 milhão de cópias vendidas, o que fez com que o lançamento do LP atrasasse um pouco. "O projeto inteiro, desde que começamos o trabalho, até a capa sair, durou de nove a dez meses, quase um ano", conta Luiz.

O primeiro logotipo da Blitz, usado na capa do *Aventuras*, foi inspirado na antiga logomarca dos X-Men, quadradona e em perspectiva. A idéia era mesmo seguir a estética das HQs e samplear coisas bacanas, mas simplesmente desenhar os integrantes seria uma solução muito óbvia e caricata, um clichê. A saída foi fazer uma espécie de arte sobre foto. Cafi,

fotógrafo responsável pelas capas de Milton Nascimento, foi escalado pela EMI para clicar a Blitz nas ruas desertas próximas à Praça Mauá, zona portuária do Rio de Janeiro. A sessão rolou na chamada "hora mágica", uma condição de luz no fim de tarde que deixa as linhas bem definidas e reforça o contraste. Foto feita, coube à dupla Cardia/Stein trabalhar em cima. "Eu lembro que num primeiro momento foi até assustador: era uma foto superbonita, mas a gente meteu a tesoura e começou a trabalhar com as figuras recortadas meio que num bê-á-bá da *pop art*", revela Luiz Stein. Num clima de "Photoshop manual", as imagens seguiram para o fotolito e as cores foram separadas. Ficou tudo propositadamente fora de registro, com as cores meio borradas, bem no clima das revistas em quadrinhos da época. A primeira tiragem do disco saiu com cores fosforescentes, o que acabou influenciando o visual da banda no palco e, por tabela, ditando moda. As tintas, muito usadas nos anos 60 e raríssimas no mercado, foram descobertas num depósito em São Paulo.

E o disco não era apenas inspirado no universo dos quadrinhos, um gibi vinha encartado no LP. De cara, Lobão achou que era uma firula desnecessária, mas depois acabou curtindo a idéia. No entanto a "firula" inventada pela dupla de designers deu um trabalho danado. "Demorou pra caramba pra gente fazer, era tudo colagem", explica Stein. Porém esse não foi o único problema enfrentado pela dupla da Bela Arte, a gravadora não conseguiu a liberação dos direitos dos personagens sampleados dos quadrinhos americanos. "O projeto quase foi cancelado, só conseguimos emplacar a revista depois que o Otacílio D'Assunção, o Ota da revista *MAD*, entrou em cena", conta Luiz. Gibi pronto, outro problema à vista: a EMI não encontrou uma maneira razoável de encartar e distribuir a publicação, tendo sido prensados mais discos do que revistas. Na primeira tiragem, tudo certo. Da segunda em diante, no lugar do gibi o fã da banda encontra um folheto com os seguinte dizeres:

Por problemas técnicos, o gibi originalmente programado não acompanhou este disco. Após informação através dos meios de comunicação, queira retornar à loja onde você adquiriu o disco para apanhar grátis o seu gibi.

Por essas e outras, a revistinha da Blitz virou objeto de colecionador.

Mas o trabalho de Gringo e Luiz não ficava só nos LPs, estava no transado palco da Blitz também. Junto com Patrycia Travassos, eles dirigiam os shows, cuidavam dos cenários e palpitavam até nos descolados figurinos da rapaziada. Para um show diferentão, um visual bem pensado. Esse cuidado todo fez com que a banda caísse na estrada com a tralha inteira a tiracolo. Na era pré-Rock in Rio, quando o show business ainda engatinhava no Brasil, a Blitz viajava com dois caminhões carregando som, luz, palco e cenário.

Eis que entra em cena Solange Maria Hernandez, diretora do Serviço de Censura do Departamento da Polícia Federal. Mesmo cambaleando, a tal da censura ainda incomodava. Cerca de 70 mil cópias do *Aventuras* já haviam sido prensadas quando "dona" Solange conseguiu revogar a lei que permitia que discos com músicas censuradas fossem distribuídos. Nem o lacre resolvia. Nem tarja de "impróprio para menores de 18 anos" estampada no canto superior esquerdo da capa. A princípio, três faixas estavam na mira. "De manhã", que parodiava um trecho do hino nacional, escapou. Mas as outras duas faixas dançaram, não teve jeito: "Cruel, cruel esquizofrenético blues" e "Ela quer morar comigo na lua". A primeira dizia assim:

Esse vazio idiota que te consome, e some com a tua paz/ Que se foi como aquela empregada radical/ Que você mandou embora numa cena feia/ Depois da ceia de Natal/ Só porque ela pegou no peru do seu marido/ Peru de Natal

O duplo sentido do "peru" ficou entalado na garganta da censura. Fora isso, a letra ainda contava com um "puta que pariu" em alto e bom som. Na segunda canção censurada, a coisa era mais branda. Mesmo assim, a frase "ela diz que eu ando bundando, que não agito nem uso", incomodou dona Solange. "Achamos que é por causa do termo bundando. Mas eles não dizem a causa do veto. A gente é que fica procurando e achando; de concreto, absolutamente nada. Os motivos não são acusados", explicou Evandro à finada revista *Fatos e Fotos*. Como as músicas não poderiam mais ser retiradas das bolachas já fabrica-

Flagra do sucesso: a Blitz tocando pra um Maracanã lotado

CIRCO VOADOR

Evandro Mesquita, Patrícia Travassos, Fernanda, Nehemias e Manuel Uffer.

O circo de lona azul salpicada de estrelas está montado em plena Praia do Arpoador. Num ambiente de estruturas metálicas a la high tech com toques underground, o grupo *Asdrúbal Trouxe o Trombone* formou uma troupe com vários grupos: *Abracadabra, Pára-quedas do Coração, Banduendes, Blitz* e outros. Entre acrobacias e mágicas eles apresentam mini comédias musicadas, combinando o que há de melhor na tradição dos velhos artistas mambembes e do show business.

Direção: Patrícia Travassos e Evandro Mesquita
Acessórios e adereços: Manuel Uffer
Divulgação: Patrícia Case

Adeus, Blitz, olá "Cena de Cinema" – os impulsos de Lobão

Quando Lobão tinha três anos (e era um Lobinho, portanto), batucava freneticamente. Quando tinha seis, arranhava umas posições no violão. Adolescente, decidiu que "abominava música pop, especialmente o tal do rock progressivo, veja que ironia" e foi estudar violão clássico e teoria, oito horas por dia, na escola do maestro Guerra Peixe. Seu objetivo: viajar para a Espanha e estudar o violão flamenco e depois pesquisar a música experimental da Polônia.

Em vez disso, aterrisou extremamente relutante na bateria do grupo Vímana, expoente carioca da breve floração progressiva de 71/74. E, depois de desiludir-se de vez com o cenário pop nativo — "tudo me parecia *fake*, postiço mesmo" —, escrever muitas peças semiclássicas para violão, ver o Vímana estilhaçar-se, embarcar na furada canoa tropical de Mr. Patrick Moraz, o ex-Yes que queria o exótico som brasileiro para temperar suas tecladices, e sobreviver do aluguel de um estúdio doméstico, criou um grupo que seria o maior sucesso do novo verão rock do Rio: o Blitz.

Para sair do grupo exatamente na véspera do sucesso, desistindo de tudo em meio a muitas reuniões tensas e brigas feias, para cuidar de uma carreira solo que nunca suspeitou que tinha e que tomou forma num LP autoproduzido, gravado em duas semanas num estúdio de oito canais em Botafogo, no Rio, e lançado agora pela RCA após meses de peregrinações, negociações e angústias infindas.

Confuso? "Foi tudo, antes de mais nada, um rompante emocional. No começo deste ano eu estava tão triste, tão depri-mido de não criar nada que sentia necessi-dade de por tudo pra fora. Eu sei que o disco está sujo, cheio de buracos, mas é i-sso aí — um flagrante". Em *Cena de Ci-nema*, o disco, estrelas como Marina, Lu Santos e Luis Paulo, o homem do sintetiza-dor, dão canjas; as letras, escritas jun com as músicas no mesmo clima de fl-grante, são do dublê de poeta unde-ground e publicitário overground Be-nardo Vilhena, que co-produziu o álbu com Lobão.

Com o lançamento de *Cena de Cinem* encerra-se de fato — se não de direito — pendenga entre Lobão e sua relutante cri-atura, o Blitz. No verão 81/82 o Blitz e-uma formação flutuante e meio funky q-incluía metais tinha um clima "meio Ro-Music, às vezes". As metamorfoses de *lin-up* e orientação musical continuaram le-tamente ao longo do ano, reforçadas co-a entrada do asdrubaliano Evandro Me-quita e seu antigo amigo Ricardo Barret-a inclusão do vocal feminino e, fina-mente, a contratação pela Odeon. Mas a-cabeça do fundador Lobão já estava e-outra: "No Blitz eu era quase como u-ator, tocando bateria pros outros. Não e-mais isso que eu queria, eu tinha feito u-trabalho e não tinha nenhuma razão pa-desistir dele. Quando isso ficou claro-pessoal ficou puto mas paciência. Tod-mundo tava nervoso. Espero que o tem-acalme a situação".

Detalhe: agora Lobão desistiu mesm-do instrumento que foi seu ganha pão, b-teria. No lançamento do disco, no funk-simo cinema Ricamar, em Copacaban-ele empunhou bravamente uma guitarr-— e é assim que vai ser, daqui pra fren-

Ana Maria B

das, a Blitz resolveu soltar o disco de qualquer maneira. "A pressa do disco sair era tanta que nem com recurso entraram", conta Barreto. A solução encontrada na época foi, literalmente, riscar as faixas proibidas. A idéia é atribuída ao produtor Mariozinho Rocha. "Foi uma sacada geral. Já que não pode, vamos riscar." E o LP chegou às lojas em novembro de 1982 com as duas canções inutilizadas. "Foi um posicionamento frente à censura, de passar para o público a agressão que estávamos sofrendo", conta Evandro. Os riscos com pregos foram feitos na matriz do LP e repassados às cópias. Fora isso, os títulos das duas músicas foram cobertos com faixas vermelhas na contracapa. "Muita gente veio reclamar comigo dizendo que tinha quebrado a agulha do toca-discos tentando ouvir as faixas riscadas", recorda Evandro. "Mas lembro bem da gente no corredorzão da EMI pegando o disco pela primeira vez, foi inacreditável", completa o vocalista. Voltando à censura, uma espécie de carimbo foi impresso também no verso com os seguintes dizeres:

ATENÇÃO: Por terem sido vetadas pela censura (D.C.D.P.), as últimas faixas do lado B foram intencionalmente inutilizadas.

Só em junho de 1983 as duas canções, finalmente liberadas, seriam lançadas separadamente e sem muito barulho num compacto simples. A Blitz já se preparava para gravar o segundo disco quando recebeu a notícia. "A gente acha que essas músicas retratam fielmente a personalidade da Blitz", disse Evandro à revista *Amiga*. Mesmo assim, o disquinho foi liberado só para maiores de 18 anos e vendido num saquinho plástico vermelho, que nem revista de mulher nua. Alheia à polêmica e prestes a virar um fenômeno pop, a banda estava pronta para encarar a estrada numa turnê até então sem precedentes na história do rock nacional.

Em 30 de agosto, rolou uma pré-estréia no Canecão no Encontro do Rock Brasileiro e, segundo a imprensa da época, a platéia "chapou" com a explosão do breck'n roll. Cerca de duas semanas depois, no dia 26 de setembro de 1982, finalmente era lançado o LP que dá título a este livro: *As Aventuras da Blitz*. Na edição de novembro/dezembro do mesmo ano da revista *Pipoca Moderna*, que trazia Rita Lee na capa, um certo jornalista que só resenhava discos internacionais resolveu abrir uma exceção e, irritado com o atraso do lançamento e de saco cheio de ficar ouvindo as músicas pelo walkman, escreveu assim:

Devo dizer que uma coisa me irrita profundamente nessa Blitz. O disco está demorando demais a sair. Aliás, já estou aqui escrevendo e ele ainda não saiu (...) Bem, tenho que entregar essa matéria hoje mesmo, então paciência.

Depois de esmiuçar música por música, de "Vai, vai, love" a "Ela quer morar comigo na Lua", o crítico terminou o texto desse jeito:

Meus parabéns. Vocês são os pais de um lindo LP levadíssimo. Vou sair por aí com a mão no bolso, o fone no ouvido e, quem sabe, levar uma Blitz. É.

Assinado Paulo Ricardo Medeiros, que viria a ser o cantor-baixista-galã do RPM poucos anos mais tarde. Na época, recém-chegado de Londres, Paulo se dividia entre as carreiras de jornalista e músico. Já tocava com o tecladista Luís Schiavon numa banda chamada Aura. Ainda sobre o LP, Kiko Zambianchi disse: "Foi o disco que levou o rock brasileiro à mídia". Kid Vinil reconheceu: "A Blitz foi a grande pioneira". Rita Lee, que estava em estúdio gravando, recebeu uma fita cassete do *Aventuras* e se derreteu em elogios: "Fiquei de quatro. Acho que é um grupo sem pretensões, sem cheiro de jogada, tem uma guitarrinha ótima que não quer imitar Eric Clapton, ninguém querendo ser Mick Jagger, tem uma coisa de teatro. É tudo muito bom, tá tudo muito bem".

Mas nem todo mundo fazia coro com a roqueira e o então crítico Paulo Ricardo. Os comentários que vinham de São Paulo eram dissonantes. O jornalista Jamari França chegou a escrever na revista *Som Três* que a crítica paulista "execrava" a descontração carioca representada pela Blitz. *"Você não soube me amar" expõe como ponto criativo uma das coisas – apenas uma*

– que o Arrigo [Barnabé] inventou, ou seja: coralzinho feminino dialogando com o cantor de voz rasgada num tom quase falado e com um forte toque de ironia e humor.

Arrigo lembra bem da polêmica que rolou naqueles tempos. Mas, no dia em que ouviu a Blitz no rádio pela primeira vez, quando foi tomar uma cervejinha num intervalo das aulas de iniciação musical que dava na escola de artes Porão Mágico, que ficava na Rua Fradique Coutinho, Vila Madalena, achou que era outra coisa. "Pensei que fosse música do Itamar [Assumpção] e lembro de ter comentado: que legal o Itamar tocando no rádio!", conta Barnabé. Itamar era um artista da chamada vanguarda paulistana, que se apresentava misturando música, poesia, vídeo, dança e teatro. Mas logo Arrigo sacou que a onda era outra: "A temática era diferente, tinha aquela coisa de batatinha frita. Eles [a Blitz] simplificaram o que a gente já fazia, a história dos vocais femininos e um cara falando. Mas eu dei uma elogiada na época, achava bacana um grupo do Rio fazendo aquilo".

O crítico da *Folha de S.Paulo*, Pepe Escobar, conhecido pelo implacável mau humor, não perdoou e sacramentou depois de assistir a um show: "Blitz se afoga em São Paulo". O texto já começava mordendo, ia direto na jugular da banda: "Deram uma blitz na praia, mas só encontraram um conjuntinho pop afogado na areia. O verão acabou. *Sorry*", decretava o jornalista. E continuou o massacre: chamou o show de "gibi eletrificado", a banda de "arquétipo da juventude boçal" e Evandro de "aspirante a frontman". Só Billy escapou da chacina: "apenas o tecladista William mantém uma certa credibilidade". E esse foi o único lampejo de gentileza em todo o artigo, que afirmava que a Blitz estava longe de ser *the next big thing* como a mídia da época pregava. "Ir a São Paulo era maravilhoso, foi onde a Blitz tinha mais fã-clubes, recebíamos as melhores e as piores críticas. Mas tinha dois bundões lá: Miguel de Almeida e Pepe Escobar", recorda Evandro, tirando onda de crítico da crítica. "Eles não se conformavam, porque São Paulo, até então, era o berço do rock, enquanto o Rio era o berço do samba. Mas, de repente, uma banda supercolorida e alto-astral vem arrombando as portas e na contramão da moda dark importada. Eles ficaram muito putos", completa o vocalista.

ISTOÉ

NOV 82

Um desentendimento ameaça o sucesso do grupo.

Briga no Blitz: e o baterista cai fora

Lobão diz que está muito magoado porque seus ex-companheiros esqueceram tudo o que ele já fez pelo conjunto. Por isso deixou a turma e foi gravar um disco solo.

Reportagem: Sandra Bittencourt, Regina Rito e Angela Oliveira/Texto: Décio L. Piccinini

Bem agora que o grupo Blitz está liderando as paradas e terminou de gravar seu primeiro LP — *As Aventuras da Blitz* — uma briga entre seus componentes ameaça estragar o sucesso conquistado. Um dos "brigões" é o baterista João Luís Woerdenbag Filho, o Lobão. Ele se queixa de ter formado o conjunto, definido o caminho artístico que seguiriam e agora ter sido posto de lado:

— Boa parte da criação do Blitz é minha, a começar pelo nome do conjunto. Além disso eles nem sabiam o que era *new wave*, só ficavam ouvindo velharias como Beatles e Bob Dylan. Eu é que defini a música que adotaríamos. Bolei também o lance das histórias em quadrinhos que vêm dentro do disco. No final, eles nunca mencionam meu nome, me esquecem nas entrevistas. Ora, isso não é justo e me magoou.

Lobão prossegue falando também em liderança, uma coisa que o incomoda bastante no Blitz:

João Luís, o Lobão, diz que cansou da ausência de liderança no Blitz.

TV contigo 12

Evandro não guarda mágoa do companheiro.

— O Evandro não tem pique pra comandar o Blitz nem num palco, nem em gravações. Aliás, até pouco tempo ele ficava todo nervoso quando tinha de cantar em público, principalmente músicas de outros compositores.

Chateado com tudo isso, Lobão decidiu abandonar o grupo e partir para fazer um LP solo na gravadora Ariola.

A versão de Evandro, porém, é bem outra. Ele desmente as palavras do baterista e garante que, se houve briga, foi de Lobão com a Odeon, a gravadora do grupo:

— O problema é que Lobão queria fazer esse LP dele e Odeon não aceitava, pois achava que isso estragaria a imagem do Blitz. Então se desentenderam e ele foi embora. Preferiu sair.

Quanto aos méritos que Lobão atribui a si mesmo, Evandro também não os confirma:

— Pra começar, o nome Blitz não é dele, coisa nenhuma. É bolação de nós todos. As histórias em quadrinhos também. É isso que Lobão nunca entendeu. No Blitz não tem idéias individuais. É tudo trabalho em conjunto. Quanto a mim, realmente não sou líder de nada. Eu sou o Blitz.

Apesar dessas desavenças, Evandro diz não guardar qualquer mágoa do antigo companheiro:

— A gente se irrita quando Lobão ameaçava deixar o grupo. Ficava aquele clima de insegurança. Mas a gente não tem raiva não. Lobão é legal. É que de vez em quando se atrapalha.

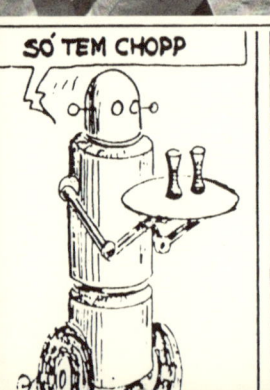

SÓ TEM CHOPP

DESCE DOIS,

OK, VOCÊ VENCEU, BATATA FRITA!

Este é o quadrinho-chave do gibi que, dentro de 15 dias, poderá ser trocado pelos cupons que saíram com o elepê

OK, BLITZ, VOCÊ VENCEU

Rixas entre Rio e São Paulo à parte, o primeiro LP da Blitz vendeu horrores. Nem os executivos mais otimistas da Odeon acreditavam nos números alcançados. Os pessimistas então, nem se fala. "Tinha um executivo japonês da EMI, chamado Edo, que apostou com o nosso produtor [Mariozinho Rocha] que o disco não venderia nem 10 mil cópias. E a aposta era em caixas de vinho branco. Ou seja, a gente tomou vários porres", contou, sóbrio, Evandro à revista *Flashback* em 2005.

Para divulgar o disco, a Blitz encarou "o mais rentável dos caminhos dos artistas bem executados em rádios": o circuito dos grandes bailes dos subúrbios, cada um reunindo de 3 a 8 mil pessoas aos sábados. "Não tinha aquela história de ficar só no público 'inteligentoso' e moderninho, universitário", esclarece Evandro. Prova disso é que a banda tocou no Cassino Bangu, em Nova Iguaçu, Jacarepaguá, Arapiraca e até em um clube chamado Vasquinho do Morro Agudo, que ficava na Baixada Fluminense. "Eu tinha passado a vida toda fazendo arte para pessoas com as mesmas informações que eu, estava de saco cheio de ver as mesmas caras no público, queria ir pro subúrbio, viajar para outros estados, testar novas platéias, crianças, velhos, todos. O que a Tropicália tentou fazer, nós botamos em prática", esclarece Evandro.

Pouco depois do lançamento do *Aventuras*, mais precisamente em 21 de outubro de 1982, o Circo Voador aterrissava em outro espaço, na Lapa, bem atrás dos Arcos, onde está até hoje. E a Blitz, com toda justiça, foi escalada para cortar a fita na solenidade de reinauguração do espaço multicultural. Entretanto Evandro Mesquita não estava exatamente feliz com a mudança da lona: "Fiquei puto, mas a nossa relação com o Circo era umbilical e fomos amarradões tocar", contou ao repórter Guilherme Bryan na *Bizz Especial* de 2005. "Foi um dos últimos shows do Lobão com a gente. O Circo estava entupido de gente, e a galera estava ansiosa e orgulhosa de ter uma banda com o humor, o suingue e a irreverência da cidade que é uma das caras do Brasil. O ovo estava em pé e a banda na estrada inaugurando um ciclo na cultura contemporânea", completou o cantor.

Como Evandro bem frisou, logo depois dessa apresentação no Circo o septeto acabou virando sexteto, pelo menos por um tempo. Lobão, que andava meio chateado com a rapaziada, ainda não havia assinado o contrato com a EMI nem aparecido para a foto da capa tirada na zona portuária do Rio, perto da rodoviária. Motivo: o baterista queria que algumas músicas de seu disco independente e já gravado, *Cena de Cinema*, tivessem sido incluídas no LP da Blitz. "Eu tinha criado a banda pra participar e não pra ser um coadjuvante", revela. E veio a famosa linha de raciocínio: nos "Beatles brasileiros", Evandro era Lennon, Barreto Mccartney e, para Lobão, sobrava a discreta vaga de George Harrison. Para piorar, a direção da Odeon "sugeriu" que o Lobo picotasse a matriz do *Cena* cheia de participações especiais: Lulu Santos nas guitarras, Ritchie na flauta, Marina nos vocais e, da própria Blitz, Ricardo Barreto e Antônio Pedro. Era quase uma intimação: ou a carreira solo ou o posto de baterista da Blitz. João Luiz Filho, "bicho-músico" espertíssimo e precoce, bolou um plano maquiavélico: cheio de contatos, ficou sabendo antes do resto da banda que a Blitz seria capa da edição número 305 da revista *IstoÉ*. Deu uma longa entrevista para a jornalista Regina Echeverria e, de caso pensado, disse que assinaria o contrato e apareceria para a sessão de fotos da reportagem. No dia 27 de outubro de 1982, segunda-feira, quando a publicação semanal chegou às bancas, Lobão pegou um exemplar e ligou a Evandro dizendo: "Olha, me desculpa, é tudo mentira, vou é pegar meu caminho", entregou. Evandro não confirma a versão lupina. "Pode olhar na foto da capa, eu tava com cara de quem ia fazer cagada mesmo", diverte-se o Lobo Mau. "Foram as mesmas diferenças que, no início, deram a liga na Blitz que trataram de me afastar da galera. Houve uma decantação", conclui. A valorização excessiva do fator infanto-juvenil também incomodava o baterista, que não queria fazer parte da Turma do Carequinha. Veio a famosa maldição lupina que viria a se concretizar mais tarde na exata ordem que segue. Segundo o próprio, pura dedução: "Vocês vão virar uma piada e piada não se repete. Vocês vão gravar o primeiro disco e vai todo mundo rir, porque é uma piada. No segundo, vão rir menos. No terceiro, vai acabar, porque a piada vai se esgotar. E aí vocês vão acabar no Maracanã com o Papai Noel".

Assim que desligou, Lobão pegou a lista telefônica e fez uma roleta-russa: "Na primeira gravadora que cair, eu vou". No mesmo dia o Lobo voraz foi buscar a master de *Cena de Cinema* no estúdio de Chico Batera, bateu na porta de uma concorrente da EMI e, em 15 minutos, estava assinando contrato com a RCA-Victor. Com o histórico distanciamento, o cantor-baterista-compositor chega à seguinte conclusão: "No fundo, no fundo, nessa briga infanto-juvenil prevaleceu o gênio do Evandro. E tava certo mesmo, essa era a novidade. A gente era a carapaça, o invólucro, mas o âmago da coisa era o Evandro, junto com o Barreto", completa Lobão. Evandro comenta o episódio: "Eu fiz questão que o Lobão participasse da capa [da revista *IstoÉ*], até pela gratidão que eu tinha desde o início: ele fez o convite pra gente tocar, emprestou a casa pra gente ensaiar, botou pilha pra gente continuar, deu o nome. Era o mínimo que poderia fazer em agradecimento por ele ter estado no começo com a gente. Eu estava cagando se ele sairia ou não depois, queria que ele se desse bem, de verdade. Fora que a bateria do primeiro disco é sensacional, acho o Lobão um puta baterista. Sou grato pra caralho", emenda destilando sinceridade.

Em janeiro de 1983, a mídia repercutia os impulsos de Lobão. Em entrevista à então repórter da revista *Pipoca Moderna*, Ana Maria Bahiana, o músico disse o seguinte: "Na Blitz eu era quase como um ator, tocando bateria pros outros. Não era mais isso que eu queria, eu tinha feito um trabalho e não tinha nenhuma razão pra desistir dele. Quando isso ficou claro, o pessoal ficou puto, mas paciência. Todo mundo tava nervoso. Espero que o tempo acalme a situação".

Com Lobão fora para tocar a carreira solo, a Blitz ficou com um abacaxi para descascar: estava aberta a temporada de caça ao novo baterista. O problema, reza a blitz-lenda, é que os aspirantes ao cargo emperravam na levada louca de "Geme, geme", criada pelo virtuoso João Luiz Woerdenbag, que reconhece que a elaboração da bateria da música tomou um certo tempo. Evandro confirma: "'Geme, geme' era o nosso teste". Até que Roberto Gurgel, o Juba, músico rodado da noite paulistana, recebeu um telefonema de um amigo, enfiou a batera no carro, atravessou a Dutra ouvindo Blitz sem parar no toca-fitas e chegou para fazer um teste. Juba tinha as manhas de um músico de baile, safo, descolado, acostumado aos variados estilos que rolavam nos salões de festas. Fora isso, tinha no currículo experiências musicais das mais variadas. O garoto Robertinho vivia amassando todos os abajures em casa. Até que dona Hercília, mãe do pequeno destruidor, resolveu dar uma bateria ao garoto. E deu certo, o ex-exterminador de luminárias acompanhou João Ricardo, dos Secos & Molhados, tocou no Joelho de Porco, Made in Brazil, com Fábio Jr. e até com Wanderley Cardoso e seus rocks jovenguardistas.

Para esclarecer a lenda de "Geme, geme", com a palavra, Juba: "Graças a Deus foi verdade", brinca o baterista. "Eu tava fazendo um show num barzinho em São Paulo e o empresário na época, Luiz Paulo, que eu conhecia dos tempos de uma empresa de som e luz em São Paulo, me ligou e disse: 'Cara, bota a bateria no carro e vem!'". E a saga continua: "Saí do show às quatro horas da manhã, enfiei a batera no carro e seis horas depois já estava na Odeon. Encontrei um clima apreensivo nos testes, o povo não tava gostando, tinha uma galera numa saleta comentando o desempenho do pessoal que tava lá". Malandro, Juba conta qual foi o pulo-do-gato: "O fato de ter ido por último me favoreceu, eu senti qual era a pedra no calo dos caras. E eu era músico de baile, estava acostumado a 'tirar' músicas dos outros", explica. "Realmente 'Geme, geme' era uma música complicada, não dava pra ficar inventando em cima, tinha uma divisão esquisita. Lobão criou um reggae meio ligeiro, que depois passa pra um afro-reggae na segunda parte; fica variando. Se o cara der mole, não consegue pegar o fio da meada nunca mais, fica ali correndo atrás do resto da banda", destrincha.

Depois da novela que foi arrumar um sujeito que conseguisse finalmente tocar direitinho "Mais uma de amor" [também conhecida como "Geme, geme"], rolou uma passagem, no mí-

nimo, engraçada: Fernanda Abreu cismou com Juba. "Ela me achou feio, careca, é mole?", diverte-se o baterista. E a garota carioca, às gargalhadas, confirma a história: "Aí o Mariozinho Rocha resolveu o impasse de um jeito muito simples e gritou: 'Coloca um boné nele e pronto', acredita?", conta Fernanda se acabando de rir. As fotos de Juba com um boné do Mickey Mouse nas fotos de divulgação da banda confirmam a insólita passagem.

Tocar na Blitz em pleno ano de 1982 devia ser o sonho de muitos músicos, afinal a banda andava estouradaça na rádio, tocando sem parar e com a agenda lotada de shows. "Na época, o que eu ganharia com a Blitz por show significava o que eu ganhava o mês inteiro tocando no barzinho. Fora que já era fã, curtia o som dos caras", finaliza orgulhoso. O show de estréia do paulistano da Pompéia foi no dia 12 de janeiro de 1983, no Roxy Roller, antigo rinque de patinação do empresário Ricardo Amaral, que ficava na Lagoa Rodrigo Freitas. Novo na trupe e ainda se acostumando ao estrondoso sucesso da Blitz, Juba tomou um susto quando viu a fila que dava voltas no quarteirão e ia pelo muro do antigo drive-in da La-

goa já por volta da hora do almoço, enquanto o resto da trupe esquentava as turbinas no restaurante Gatopardo. A procura pelos ingressos do espetáculo era tanta que a sessão teve que ser dupla: a garotada assistia à Blitz às 15h e os marmanjos às 21h. "Adulto só entra acompanhado", avisava Evandro à mídia da época. E justificava: "A resposta da criança é o maior barato, eles cantam, dançam com a gente, entendem tudo. Esse lance de hoje era um sonho antigo da gente: fazer matinê como as que a gente ia no Caiçara, Monte Líbano, pra ver Analfabeatles, Bolha".

O show *Blitz para menores* foi criado "para atender a uma platéia crescente e que não tem acesso aos espetáculos noturnos", dizia o *Jornal do Brasil* do dia 13 de janeiro de 1983. E a reportagem concluía: "Ao adulto que não tiver uma criança para levar, resta pagar mais caro e assistir ao show noturno". O ponto alto da apresentação era o falso strip-tease que Márcia e Fernanda protagonizavam; a rapaziada ficava maluca na platéia: as meninas ficavam só de calcinhas atrás de uma tela meio transparente que apenas revelava as generosas curvas das backings. Na platéia, fora a garotada, Lulu Santos, Scarlet Moon e Marina Lima dançavam e cantavam sem parar. No fim do espetáculo, que misturava música e teatro, "um homem com ares de executivo" sobe ao palco. Era Mariozinho Rocha, que apareceu com valiosos presentes para a trupe: um disco de ouro pelas quase 200 mil cópias do LP e um de platina pelas 600 mil atingidas pelo compacto lançado meses antes.

Pouco depois, já nos camarins, a criançada formava filas intermináveis para ver a Blitz de perto e, claro, caçar autógrafos. Mesmo apressadíssima, com hora marcada no Chacrinha, a banda assinou centenas de discos, pôsteres, camisetas e um outro tanto de papéis amassados. Quando finalmente conseguiram se desvencilhar dos pequenos fãs que abarrotavam os bastidores do Roxy Roller, uma outra turma esperava o conjunto no estacionamento. Enquanto os pais babões cortejavam Fernanda e Márcia, os filhos tratavam de completar o caderninho de autógrafos. Logo de cara, Evandro foi cercado por uma obstinada caçadora de assinaturas:

"– Como é seu nome?

– Evandro.

– Ah! É você! Assina aqui!

– Mas a minha assinatura já está aí.

– Ih, é! Brigado. Quantos são?

– Sete.

– Faltam dois!".

Pedro esquentando os tamborins na estrada

A rapaziada reunida: Pedro, Billy, Barreto, Juba e Chacal

E a pequena saiu correndo atrás dos rabiscos que faltavam. Assim estava a Blitz: baterista novo, LP completinho saindo do forno, tudo muito bom, tudo muito bem. Tinha acabado de voltar de shows em Santos e seguia para uma temporada em Salvador.

Com ou sem censura, e até meio sem querer, a Blitz atingiu a garotada em cheio. Em dezembro de 1982, parte da profecia de Lobão se realizaria. E um antigo sonho de Evandro também: sucesso retumbante, a banda foi escalada para a tradicional festa da chegada do Papai Noel ao Maracanã. Evandro ficou feliz da vida. O tricolor fanático não estava nem aí para as pragas lupinas. "Fiquei amarradão, nunca tinha pisado no gramado sagrado do Maraca. É o sonho de todo peladeiro", lembra o cantor. No então maior estádio do mundo, o vocalista da Blitz ficou emocionado com a grandiosidade do lugar: "Apareci no túnel [que dá acesso ao gramado] pra dar uma espiada nas arquibancadas lotadas e acabei tendo que dar uns 200 beijinhos nas crianças de um orfanato que adoravam a Blitz e estavam lá participando da festa", conta Evandro.

O frontman do septeto carioca maquinou uma surpresa para a festa do bom velhinho: "estufar" as redes do Estádio Mário Filho como tantas vezes viu os craques do Fluminense fazerem. "Era meu sonho desde criança: salvar o Brasil, a seleção brasileira. Aquela coisa de garoto", diz Evandro. Sem que a banda soubesse, Evandro escondeu uma bola de futebol dentro do bumbo da bateria de Juba. Depois das duas músicas programadas, "Geme, geme" e "Você não soube me amar", enquanto a banda descia do palco improvisado no gramado, Mesquita sacou a redonda e disparou em direção a uma das traves. Ninguém da organização do evento entendeu aquilo, mas a arquibancada sacou e tratou de incentivar a arrancada do cantor. De repente, começaram a aparecer implacáveis marcadores de terno e gravata. Evandro, decidido e com a bola dominada, foi driblando um a um os seguranças que tentavam matar a jogada. Depois se livrou dos zagueiros de pelúcia: cortou um urso gigante pela esquerda e entortou um coelho esbaforido pela direita. Quanto mais se aproximava da baliza, mais a criançada transformada em torcida gritava. De frente para o crime, ali na marca do pênalti, o vocalista encheu o pé, e o estádio inteiro explodiu: Goooooooooooooooooool... da Blitz!

ABERTO O VERÃO NO MORRO DA URCA

"NOITES CARIOCAS" TEM MUITO "ROCK", DANÇA, TEATRO POESIA E O BLITZ

Cleusa Maria

O verão começa mais cedo no Morro da Urca. Hoje, à meia-noite, com o primeiro grande **show** do grupo Blitz na Zona Sul, desde que venceu, inaugura-se pelo terceiro ano seguido mais uma temporada das **Noites Cariocas** que só terminará quando os termômetros baixarem. O Blitz ocupará o palco também amanhã e no sábado.

Desta vez, a programação não se limitará apenas aos espetáculos de sexta e sábado à noite. Passada a semana de inauguração, as quintas-feiras serão noites de novidades com muitos lançamentos, apresentações de grupos de rock, teatro, poesia, dança e exibição de vídeos independentes no telão instalado numa sala com capacidade para 300 pessoas.

— Serão mostradas coisas mais **underground** ou **overground**, ainda não me decidi — diz o produtor, idealizador e diretor artístico das **Noites Cariocas**, Nelson Mota, no momento dedicando-se à **armação** final da temporada.

Este ano, a platéia da pista e das arquibancadas de cimento (o Morro da Urca tem capacidade para 1 mil 800 pessoas) não será, certamente, surpreendida pelas chuvas de verão. Usando seus conhecimentos de **designer** formado pela ESD, Nelson Mota criou uma cobertura metálica, fixa, para proteger a área descoberta. Funcionará também como um cenário, já que sua parte interna será revestida de tecido, onde ele pretende reproduzir um firmamento para se integrar ao céu que poderá ser visto pela clarabóia aberta no meio da cobertura.

Ainda na semana da inauguração, será exibido na íntegra o último **show** dos Bea-

Hoje, à meia-noite, o primeiro grande *show*
do Blitz, desde que venceu

Ricardo Graça, Marina, Raul Seixas, Duardo Dusek e os grupos Barão Vermelho e Rádio Táxi. Na "noite das novidades" — quintas — será apresentado um grupo novo por semana. Entre esses estão a Banda Performática, criada pelo artista plástico paulista Aguilar, e que é uma mistura de **rock** com números teatrais. "Esta banda já está lançando seu primeiro LP em São Paulo."

tes serão entrevistados e filmados para canal extra-livre" das **Noites Cariocas** e vados ao telão de vídeo na semana seguin

Uma programação extra com apresen ções únicas de Caetano Veloso e Gilberto também está prevista para a tempora deste ano. Por tudo isso responde o jorna ta e crítico Nelson Mota que recebe Companhia Caminho Aéreo do Pão

Evandro mergulhou no fundo da rede para resgatar a bola quando foi cercado por seguranças desesperados que tentavam atrapalhar a comemoração e, digamos, retardar o reinício da partida. "Levei até chute na canela", diverte-se o vocalista. Num último esforço, um esbaforido Evandro ainda deu um pique até a beira do gramado para chutar a bola na direção da arquibancada. "Era meio-dia, aquele sol filho da puta... quando cheguei lá já tava aos peidos. Dei um chutinho e voltei aliviado, missão cumprida", conta às gargalhadas.

É isso aí, ativo ouvinte e caro leitor. Que venha a minha, a sua, a nossa *Radioatividade*.

Fernanda e Márcia; Márcia e Fernanda; Barreto e Márcia

CAPÍTULO 3

RADIO- ATIVDADE (TÁ TUDO MUITO BOM, TÁ TUDO MUITO BEM...)

Em janeiro de 1983, Antônio Pedro já sabia da importância que o segundo disco teria na carreira da Blitz. No dia 10 de janeiro, disse o seguinte ao *Globo*:

Esse disco será muito importante. Vai ser a confirmação do nosso trabalho. Temos ainda muitas composições sem gravar. Entre o primeiro e o segundo discos, uma correria danada. "Antes do LP a gente era duro, fazia confete no extintor de incêndio pra dar um efeito.

Todo mundo de oncinha: era a moda Blitz chegando

Depois do disco, era só showzão", lembra Evandro. Billy dá uma idéia da alucinada agenda da banda: "A gente não parava de trabalhar, não tinha folga. Era TV e rádio direto. Naquele tempo se faziam muitas visitas às rádios e a gente rachava, porque éramos seis – iam três para uma rádio e três para outra, pra pegar várias emissoras ao mesmo tempo. Era um tal de fazer música em hotel, no ônibus. A gente ia de avião até o Nordeste, chegava lá e ficava um mês fazendo aquelas cidades de ônibus, com equipamento próprio: dois caminhões, levava palco, som, tudo. O Juba levava até a moto dele, tirava a maior onda", conta o tecladista. Na época, Evandro desabafou à revista *Programa*, do JB:

É tanto hotel, avião, uma *canseira danada que não*
quero nem saber: me joga *dentro da Kombi e me colo-*
ca no palco, onde eu vou *não interessa.*

Muita coisa do segundo dis- co foi criada na estrada. E não
tinha outro jeito, a Blitz não pa- rava. Billy conta: "A gente começou a comprar instrumento, aí começaram a pintar uns teclados mais portáteis. Desse jeito dava para compor em hotel.
Eu tinha um Casiotone (teclado semiprofissional da Casio) que
já quebrava o galho. A gente fi- cava três, quatro dias sem fazer
nada, se trancava no quarto. Às vezes rolava de pedir até
um quarto a mais para deixar as guitarras e poder fazer um
sonzinho sem ficar enchendo o saco de ninguém. Dava para
fazer uma festa". Com algumas "sobras" que não couberam no *Aventuras* e alguma coisa da estrada, o repertório de *Radioatividade* estava completo. Antes, como era praxe, chegou às lojas um compacto com as músicas "A dois passos do paraíso" e "Betty Frígida". O álbum completo, com capa dupla e caprichada, foi lançado com toda a pompa que a banda merecia: no dia 10 de setembro de 1983, a classe artística compareceu em peso ao evento que rolou no pátio da EMI em Botafogo. Na boca-livre promovida pela gravadora, um público eclético que ia de Caetano Veloso ao polêmico Paulo César Caju, ex-jogador da seleção de 70. Contrariando os mal-humo- rados de plantão, Evandro & Cia. mostraram que nem só de um verão viveria a banda.

"Os caras só têm essa música, é coisa de verão", comentavam os mais desconfiados com o estouro da Blitz em 82. "Pois é, se a Blitz é um grupo de verão, estamos influindo na meteorologia porque o verão vai ficar o ano inteiro", disse Evandro, como sempre rápido no gatilho, a uma revista na época. "Se foderam, porque o segundo foi melhor do que o primeiro. Foi platina com certeza, 250 mil cópias. Podia ter vendido um milhão e meio, mas disseram que ficou 250 mil mesmo. E a gente teve que acreditar, vai fazer o quê? Na época não tinha como conferir", revela Billy. "Quando todos pensavam que a Blitz era um conjunto de uma música só, a gente preparou este trabalho", desabafava Marcinha. O texto de apresentação do LP, assinado pelo poeta Chacal, era assim:

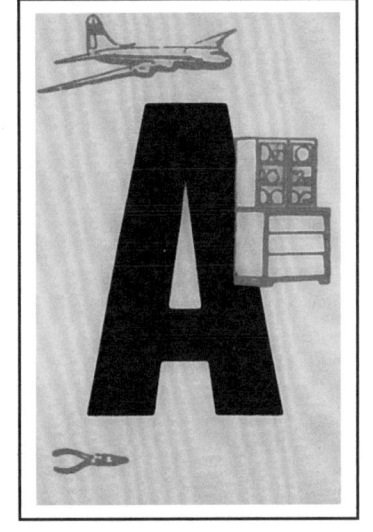

Girando na vitrola sem cessar, entra em campo o segundo LP da Blitz. Um disco, sem dúvida, mais que interessante. Um disco fundamental. Não faltou abutre para agourar o trabalho do grupo. Os chacais não perdoam: fazer sucesso e ser criativo. Mais uma vez terão que engolir em seco e aturar a Blitz. Sensuround, provocolone, plasticapauleira, chumaço do paraíso. Se quiser, peça Blitz pelo telefone. Ela virá passar um weekend com você.

O *Jornal do Brasil* chamou de "rock teatral em ritmo de programa de rádio". Já *O Glo-bo* anunciava: "Enfim a nova Blitz". A revista *Amiga* afirma-va: "Biltz: um sucesso cada vez mais alto". Gilberto Gil defendia o sucesso da banda: "O segundo disco mostra que o primeiro não era uma aventura beócia". *A Manchete* dizia que a Blitz estava "No balanço do sucesso". Na reportagem, um trecho reproduzia um diálogo do casal Márcia e Barreto, recém-mudado para uma nova residência, com pilhas de livros no chão e móveis a serem comprados: "Amor, a gente precisa logo transar* o armário da sala!". Era Márcia, da cozinha, onde preparava um frango, enquanto Ricardo Barreto, guitarrista do conjunto, tentava achar um lugar para sentar, entre mil coisas espalhadas pelo apartamento. "É, cara, mudar não é brincadeira. É o maior sufoco", dizia Ricardo.

O "transar" nesse contexto quer dizer comprar, escolher. (N.A)

Fernanda nas alturas: o show era radioatividade pura

Radioatividade foi gravado no início de 1983, num estúdio que ainda nem pronto estava. Para a produção do segundo LP da Blitz foi escalado o paulista Arnolpho Lima Filho, o mesmíssimo produtor que havia recusado a banda no ano anterior, mais conhecido no meio como Liminha. O ex-baixista de Raul Seixas e Mutantes, com o auxílio de sua poderosa e novíssima mesa de 24 canais, substituiu Mariozinho Rocha na missão espinhosa de seguir o sucesso do primeiro disco. O equipamento era um luxo para a época. Liminha emprestou a casa no Jardim Botânico que viria a se transformar no lendário Nas Nuvens. "O estúdio era bom pra caralho. A gente tinha o tempo que queria, quantas fitas quisesse, era mordomia geral. O clima estava maneiro e a gente curtia pra caramba o trabalho do Liminha", conta Billy. A banda tinha à disposição cerca de 500 horas de estúdio para aprontar a encrenca. Dizem as más línguas que, só de farra, foram consumidas quase 200 horas. Liminha só não arrancava os cabelos porque já estava ficando calvo.

Àquela altura do campeonato, o produtor já era velho conhecido de Evandro. Os dois haviam se esbarrado em 1976. Recém-chegado de São Paulo, o baixista quase contratou os serviços de desenhista do ator para a capa do disco da banda Domengro, que acabou não vingando. "Evandro foi de muleta – tinha quebrado o pé numa pelada – num ensaio da banda que eu tinha com o maluco do Luie levando um desenho supermaneiro pra ser a capa do nosso disco. O cara desenha muito, é só ver no livro *Xis-tudo*", conta o produtor. "Fiz um desenho que foi aprovadaço. Era um índio americano, um pajé sentado. Tinha uma letra bacana, meio grafitada; eles adoraram", conta Evandro. Naquela altura do campeonato, Liminha já era um jovem produtor de respeito da Warner, tinha no currículo discos de Gilberto Gil, Lulu Santos e Frenéticas. O convite para produzir *Radioatividade*, segundo Liminha, partiu de Evandro e Barreto, ou "Eulália e Bowreto", entrega o produtor tirando um sarro da dupla de compositores da Blitz. "Conheci o Barreto em Sampa. Nós e mais meia dúzia de malucos enchíamos a cara de vodca e tocávamos a noite toda numa quitinete. A gente só parava quando a vizinha debaixo pegava a vassoura e dava umas porradas no teto da cozinha", conta Arnolpho Lima às gargalhadas.

A história da mesa de 24 canais, um luxo para a época, é a seguinte: a Blitz cismou que precisava de mais canais no disco novo, mas a mesa do estúdio da Odeon comportava no máximo 16 pistas de gravação. Ou seja, faltavam oito canais para que Evandro & Cia. pudessem pirar em *Radioatividade* ou, como prefere Liminha, "dar asas à imaginação". "Eu tinha acabado de importar uma mesa de gravação Studer e um console Harrison, mas não tinha onde botar. Aí, numa reunião com o pessoal da gravadora, falei que tinha a tal máquina e neguinho ficou me zoando, dizendo que era impossível."

Radioatividade foi montado como se fosse um programa de rádio, cheio de vinhetas e locuções. "É um comentário sobre toda a nossa transa com as mídias, e até sobre o modo como a Blitz trouxe mais atividade para o rádio. Acreditamos mesmo que o rádio esteja menos ruim agora por causa da gente. Em vez de mil baladas ruins, muita música estrangeira ordinária, agora se toca mais gente daqui, pessoas novas e interessantes", disse Evandro à jornalista Ana Maria Bahiana, na época repórter d'*O Globo*. Por falar em rádio e atividade, o álbum emplacou uma série de hits. "A primeira música que estourou do segundo LP foi 'Weekend'. Não teve resistência nas rádios, só na gravadora. Sabe aqueles produtores bundões que perguntavam "Cadê a segunda 'Você não soube me amar'?". "Como assim? 'Você não soube me amar' é do outro disco!", respondia um perplexo Evandro às indagações pouco brilhantes de alguns executivos da gravadora. Voltando à "Weekend", Liminha acha que a gravação poderia ter ficado ainda melhor: "Houve um momento de tensão quando eu levei a bateria eletrônica no estúdio; todo mundo se arrepiou no mau sentido, exceto a Fernanda, que adorava *grooves* e dança. Ali ela mostrou que tinha faro para fazer o trabalho solo que fez, cheio de experimentações sonoras. 'Weekend' tem uma letra muito bem sacada, cheia de *breaks* e falas, mas poderia ter ficado muito melhor se eles não fossem tão arredios com minha máquina de ritmo. O resultado musical foi um funkzinho capenga com uma pegada fraca e um andamento que oscila. Mas, mesmo assim, foi um sucesso", reconhece o produtor.

A situação cantada na música, do guarda que manda parar e pede documentos, foi vivida pelos integrantes várias e várias vezes. Numa delas, voltando da Região dos Lagos, no Rio de Janeiro, um Evandro descabelado por culpa do vento que batia na cara foi parado num jipe sem capota e, claro, sem documentos. "Achei que ia me dar bem com o guarda por causa do sucesso de 'Weekend'. Ele perguntou: 'Você não é o cara daquela música que diz que o

Radioatividade sobe o Morro da Urca

guarda mandou parar? Então, pode descer'. Me dei mal", diverte-se o cantor. Barreto também foi vítima de uma blitz que inspirou o sucesso da banda: "Isso já aconteceu várias vezes. Numa delas, eu estava vindo da casa do Evandro e uma joaninha (antigo fusquinha usado pela polícia) me parou. Pediram documentos, mas eu não tinha. Mostrei a carteira de autor teatral e eles me fizeram voltar até a casa do Evandro pra constatarem que eu estava realmente ensaiando. Aí, quando cheguei lá, eles viram que a gente realmente só tinha... instrumentos!".

Radioatividade ainda emplacaria a música que talvez tenha virado a mais executada do grupo até hoje, a campeã dos caraoquês, composta em Recife por Barreto e Evandro ainda nos tempos do Asdrúbal: "A dois passos do paraíso". Juba conta que um vizinho na época, executivo da Sony, fez um "brilhante" comentário: "Vocês ficaram loucos de gravar balada, isso não vai dar certo". O vizinho não poderia estar mais errado: deu tão certo que até hoje a banda recebe dinheiro graças às execuções da música nas rádios espalhadas pelo país. "É muito difícil fazer música simples e boa com emoção e humor, e 'A dois passos' tem tudo isso. Dá pra sentir que eles estavam vibrando quando a compuseram. O arranjo ficou em cima e o Evandro deu o sangue quando gravou. Tudo é maravilhoso nessa canção: a melodia, a harmonia, o assunto, enfim... um clássico. Outro dia mesmo ouvi num avião e fiquei pensando: adoraria ter feito essa música", confessa Liminha. Segue uma descrição de "Dois passos" feita pela imprensa em agosto de 83:

Aparentemente, uma tênue canção de amor com um leve fio de reggae. Na verdade, mais uma transmissão da "Radioatividade", no programa Dedique uma canção a quem você ama. A "Mariposa Abandonada de Guadalupe" escreveu uma triste missiva que Evandro comenta e ilustra.

Para Evandro, estar a dois passos do paraíso era "estar solto no mundo, *like a rolling stone*, um lugar na cabeça onde você tem conforto e carinho". E completava dizendo que "o legal é que, na Terra, se está sempre a dois passos do paraíso, sempre no vislumbre, como diz a letra". Também estavam no *play list* da fictícia rádio "Betty Frígida", "Ridícula" (com

Fernanda e Evandro usando e abusando dos adereços

Juba em posição de ataque

participações especiais de Léo Gandelman, Serginho Trombone e Bidinho) e a releitura de um sucesso dos anos 60 feita pela dupla de compositores americanos Paul Vance e Lee Pockriss: "Itsy bitsy teenie weenie yellow polka dot bikini". A versão brasileira, "Biquíni de bolinha amarelinha tão pequinininho", é assinada por Hervê Cordovil e foi gravada por Celly Campello. Liminha resume em três palavras o resultado final do disco: "É musical, criativo e engraçado".

O projeto gráfico de *Radioatividade* merece um ou dois parágrafos à parte. Mais uma vez, a dupla da Bela Arte caprichou no visual. O desafio era transitar no mesmo universo pop do disco anterior e inovar ao mesmo tempo. A idéia, então, foi imaginar uma colagem da Blitz em diversos ambientes urbanos. Para dar forma à viagem de Luiz e Gringo, foi convocado um exímio especialista em maquetes, o arquiteto Flávio Papi. Na época, o estúdio de cria- ção de Papi ficava dentro de um apartamento no Flamengo, zona sul do Rio, onde morava com os pais. "Montamos uma maquete enorme, quadrada", lembra Luiz Stein. Era como se cada um dos lados representasse diferentes momentos, configurações urbanas: um lado era uma espécie de centro da cidade à noite; o outro tinha um clima de campo, uma parte meio industrial e coisa e tal. O grande barato era inserir os integrantes da Blitz nesses ambientes todos em todas as situações imagináveis.

Mais uma vez, o fotógrafo Cafi foi acionado. A banda passou uma tarde inteira sendo clicada nas mais diversas poses. "Fotografamos a Blitz num fundo branco com zilhões de fi- gurinos diferentes, fazendo as coisas mais absurdas, com muito espírito teatral, fingindo que estavam pulando uma janela, voando na vassoura da bruxa, correndo, andando de bicicleta, dirigindo um carro, enfim, todo tipo de situação", recorda Stein. Depois de reveladas, as fotos foram recortadas e presas na gigantesca maquete com palitinhos. Quando cada posição de todos os integrantes era confirmada, a imagem era finalmente colada no cenário urbano. Em tempo: para desespero dos pais de Flávio Papi, a maquete ficou montada no apê por seis longos meses, tempo que durou para o trabalho ser finalizado.

Disco nas lojas, outro susto com a censura. Como o jornalista Ricardo Cravo Albin conta no livro *Driblando a censura: de como o cutelo vil incidiu na cultura*, a música "Betty Frígida", de Evandro, Barreto, Antônio Pedro e Patrycia Travassos, quase dançou. Cravo Albin, que na época era membro do Conselho Superior de Censura – órgão criado em 1979 –, era especialista em produzir pareceres que tentavam liberar as músicas apreendidas pela DCDP. Segue trecho do parecer de Ricardo defendendo "Betty Frígida" da espada da censura, a qual fora acusada de ação sexual e homossexualismo:

Não encontro razões suficientes para confinar a música. Até porque a característica básica da peça é de pura brincadeira, de pura troça, em que o 'double sens' está corretamente colocado. Até porque há uma notória internacionalidade de compor personagens de quadrinho: a Betty Frígida (que é uma paráfrase de Betty Fridman, líder feminista notória) se antepõe ao personagem Roni Rústico. Quanto à insinuação de homossexualismo, é forçar-se em excesso a interpretação, que a meu ver, fica diluída no contexto dessa brincadeira musical. A enxergar-se indução homossexual, só com lupas poderosas. E que só poderiam ser utilizadas por pessoas ou muito carentes de ver fantasmas onde não existem, ou muito mal-humoradas. Pela liberação.
Brasília, 1º de setembro de 1983.

Mas a Blitz foi mais rápida e dona Samira Mesquita, mãe de Evandro, fez uma verdadeira tese alegando que a letra da composição blitzniana retratava o comportamento de uma geração. "Eles pegaram 'Betty Frígida', mas liberaram depois que fiz uma carta com minha mãe, que era decana da Faculdade de Letras da UFRJ [Universidade Federal do Estado do Rio de Janeiro], dizendo que era um documento histórico, a linguagem de um tempo, que Lamartine Babo e Noel Rosa focalizaram a gíria da época e são figuras antológicas da música. Disse que Jorge Amado e Nelson Rodrigues usavam palavrões e nem por isso era coisa vulgar. Aí liberaram e a música entrou no disco", esclareceu Evandro à imprensa nos idos de 83. O refrão, que virou moda e até hoje é repetido por aí, diz assim:
Calma, Betty, calma/ Você deve fazer de leve/ Calma, Betty, calma/ Assim você me machuca/ Calma, Betty, calma/ O Juca já fez isso uma vez

A música era mesmo cheia de duplo sentido, uma das especialidades blitznianas. Chegou a ser interditada para as rádios. Por essas e outras, a banda foi citada pelo jornalista Rodrigo Faour no livro *História sexual da MPB*.

O lançamento do segundo LP da banda que vendia milhões era assunto na imprensa de todo o país. A *Veja* de setembro de 83 mordia e assoprava, chamava *Radioatividade* de "receita desigual" e dizia que a Blitz ficava "entre o bom rock e o humor aperitivo". Segundo a revista semanal, a boa notícia era que, musicalmente, "o grupo evoluiu e exibe uma das melhores atuações do rock nacional". A má notícia apontava para "as *gags* humorísticas e as freqüentes brincadeiras vocais – há uma piadinha a cada cinco segundos – que acabam por descaracterizar a música e torná-la confusa". No fim das contas, o artigo achava o disco "impagável na primeira audição, divertido na segunda e repetitivo nas seguintes".

Em dezembro, a Blitz aterrissava para uma minitemporada em São Paulo, no antigo Palace, que virou um desses halls da vida. Mal desceu do avião, uma baita surpresa: Luiz Paulo, empresário da época, havia esquecido de enviar o contrato para Luiz Altério, do Palace, confirmando os shows. Pronto, a trapalhada era o que a imprensa paulista precisava para cutucar a banda e destilar puro veneno jornalístico:

A polêmica entre a Blitz e os críticos Miguel de Almeida e Pepe Escobar teve início no ano passado, quando criticaram o disco e os shows do grupo, o que reacendeu velhos sentimentos bairristas entre paulistas e cariocas. Há, ainda, quem confunda entretenimento com música, mas a história pararia por aí se o grupo carioca não tentasse justificar o injustificável, ou seja, a irresponsabilidade de seu empresário, que marcara uma minitemporada de uma semana com o Palace e simplesmente se esqueceu do contrato.

Na mesma época, Pepe Escobar, como de costume, foi direto e reto na jugular do grupo ao criticar o show de *Radioatividade* que passava pela paulicéia. "A crônica de desastres de uma Blitz frustrada", dizia o título do artigo publicado na *Folha de S.Paulo*. No texto, Escobar chamava a Blitz de "esquálida subcosmologia do 'realce' banal" e emendava com "idiotia abissal do ócio imberbe regado a chope e batata frita". Na passagem mais gentil, num raro lampejo de quase-bondade, escreveu: "'Dois passos do paraíso' é uma tentativa bem-sucedida de banalizar, ao mesmo tempo, 'Wild horses' e 'Knockin' on heaven's door'". Em seguida, mordia de novo: "Blitz é isso: um manequim de roupas degradadas, irrecuperáveis por qualquer alfaiate". E, sem dó nem piedade, finalizava sugerindo três ou quatro possibilidades para a banda: "1) Passar o resto da vida pegando jacaré na praia. 2) Pegar seus *royalties* e

fazer um curso de rock nas fontes adequadas. 3) Caso o tempo seja escasso, escutar o LP de Kid Vinil, que já está saindo. Há uma última possibilidade, a mais digna: o suicídio". Isso é que era ódio no coração. Esse Pepe, definitivamente, não era o "legal".

Em contrapartida, figurões da MPB ratificavam a competência da Blitz com gentis declarações à imprensa. Caetano saiu em defesa da banda contra as críticas que vinham de São Paulo dizendo que a Blitz era uma "Disneylândia pop". Gilberto Gil disse que a banda tinha dado "uma blitz na música popular brasileira". Paulinho da Viola confessou: "Comecei a gostar de rock depois de assistir à Blitz no Canecão". Para terminar, Dorival Caymmi comentou que gostaria de ter "a energia e o astral do Evandro da Blitz". Caymmi chegou a aparecer num show da banda no Canecão.

Mas, enquanto a crítica paulista ladrava, a caravana blitzniana ia passando. O lançamento oficial rolou, em outubro de 1983, no palco sagrado do Noites Cariocas. O JB anunciava: "A RADIOATIVIDADE DA BLITZ SOBE AO MORRO DA URCA – Depois de um sucesso estrondoso, o conjunto lança o segundo disco". E foi na esteira do sucesso do segundo LP que a Blitz conseguiu um feito inédito para um grupo de rock: tocar no Canecão, até então templo indevassável da MPB.

Em 11 de abril de 1984, a banda pisou no sagrado palco da antiga cervejaria inaugurada em 1967 e transformada na casa de espetáculos que fica ao lado do Shopping Rio Sul, em Botafogo. O show já começava do lado de fora: o letreiro, formado pelo logotipo da banda, era animado, se movia. A produção, como um todo, era caprichada mesmo: em uma hora e meia de show, a Blitz tocava 19 músicas amarradas por esquetes do grupo Banduendes por Acaso Estrelados. Patrycia Travassos assinava a direção do espetáculo. "O show da Blitz era o Cirque du Soleil daquela época. Até nevava, sem exagero nenhum. Até hoje o Canecão deve ter bolinhas de isopor espalhadas por lá. Acompanhei a reforma e soube que acharam bolinha de isopor; foi uma coisa que contaminou", conta Luiz Stein. O saldo da temporada foi o seguinte: depois do último show, em 3 de junho, foram contabilizadas 18 apresentações com média de 3 mil pessoas por dia, ao todo assistidas por 54 mil espectadores. Como no Roxy Roller, as sessões também eram duplas, e a fila dava uma impressionante volta no quarteirão. Não é à toa que até hoje a Blitz detém o recorde de público do Canecão. Evandro fez questão de valorizar a presença da banda na casa de shows:

O caminhão que cortava as estradas levando toneladas de equipamentos

A Blitz entrar no Canecão é uma coisa superimportante; a gente não tem vinte anos de carreira, a gente tem dois anos de carreira. Tudo isso está ligado a "Você não sou-

do Rio. A banda amadureceu, cada um amadureceu como pessoa, como músico, não está uma coisa gratuita; a Blitz não quer ser engraçadinha, a gente tem uma consistência. Está agressivo, supersimpático, uma pancada musicalmente, tá um timinho assim de 70: a sorte de ter aquelas pessoas naquele momento fazendo aquilo, jogando aquela bola.

Sobre a temporada no Canecão, o crítico Jamari França escreveu assim no *Jornal do Brasil*: "Explosão do começo ao fim".

No artigo publicado em 13 de abril de 84, ele diz que "um conhecido produtor comentou que o Canecão devia estender um tapete vermelho para a banda sair", tal o sucesso do show. O texto chamava ainda Evandro, Márcia e Fernanda de "três mísseis musicais de energia". O pique do show era mesmo alucinante; em "O tempo não vai passar", Evandro escondia-se na coxia e depois aparecia cruzando o palco com saltos mortais, reaparecendo triunfante do outro lado já cantando. Truque circense, jogo de cena. Na verdade, quem dava as piruetas era um dublê com o mesmo figurino do cantor, o acrobata Soares. De tão puxado que era o ritmo, Evandro chegou a desmaiar nos bastidores depois do show de despedida, no dia 5 de junho. Recuperado, esbanjou alegria: "A criançada dá o maior astral no show; impressionante como criança é atuante". Era visível que a garotada adorava a Blitz: as meninas vestiam-se como Fernanda e Márcia, e os meninos cortavam o cabelo no melhor estilo Evandro Mesquita, espetado em cima e comprido em baixo.

Pouco tempo depois de ter devassado o sagrado templo da MPB em grande estilo, a Blitz invade, agora, o gigantesco templo do samba: a Praça da Apoteose, no recém-inaugurado Sambódromo carioca. O show na passarela do samba era parte de um especial da TV Globo, Blitz contra o Gênio do Mal. A revista *Manchete* comentou sobre o megaespetáculo desse jeito:

DEU ROCK NO SAMBÓDROMO
Após duas temporadas vitoriosas no Canecão, a apresentação do conjunto Blitz no Sambódromo valeu como sua verdadeira 'prova dos nove'. A partir do momento em

Márcia fazendo "charme de artista"

que a Lua surgia no céu para mais de 30 mil pessoas e afugentava a ameaça de chuva forte, o espetáculo Radioatividade versão 'A & C Apoteose' foi um sucesso.

No dia 7 de julho, sábado, às 18h30, a banda entrava em cena e Evandro saudava a platéia com um classudo trocadilho: "É um prazer apoteótico tocar pra vocês!". Pronto, as mais de 30 mil pessoas estavam ganhas. E a garotada, apesar da ameaça de chuva, fez a festa do rock no templo do samba. "Nós fomos os primeiros a tocar na Apoteose, primeira banda de rock nacional, internacional não tinha ninguém ainda. O único que tinha feito era o Milton [Nascimento]. Depois foi a gente, que estava lá para fechar um especial da Globo, que foi do caralho, em 84. Foi maneiríssimo", conta um empolgado Billy. No fim das contas, Evandro mandou o seguinte recado via imprensa:

Alô, alô, amigo leitor! A Apoteose foi um golaço da juventude do Rio. Num palco cheio de luz e empolgação, a Blitz partiu com garra total para a aventura. Uma festa emocionante para todos que estiveram envolvidos! No resultado final brasileiro contemporâneo, a Blitz agradece ao povo do Rio de Janeiro com 1 milhão de beijos.

Por incrível que pareça, três dias depois a banda já estava de volta à Praça da Apoteose, agora dividindo o palco com Barão Vermelho, ainda com Cazuza nos vocais e as orquestras sinfônicas Brasileira e do Teatro Municipal. O evento, batizado de Rock Concerto, fazia parte do Projeto Aquarius, que levava grandes concertos gratuitos ao ar livre para o público, promovido pelo jornal *O Globo* e pela Sul América Seguros. "Foi um show organizado por Péricles Barros [pai de Maurício Barros, tecladista do Barão] e sua maravilhosa equipe para ajudar a OSB [Orquestra Sinfônica Brasileira], que passava por dificuldades. Então se pensou em usar dois artistas que tinham popularidade na época para atrair o público jovem para o trabalho da orquestra e, ao mesmo tempo, arrecadar fundos. Foi a primeira vez que a Praça da Apoteose lotou", lembra Frejat.

Apoteose roqueira: Barreto, Evandro, Fernanda e Karabtchevsky

Foi também a primeira vez que duas bandas do porte da Blitz e do Barão Vermelho dividiram o mesmo palco e ainda tocaram juntas, sem falar nas duas orquestras presentes e, de quebra, o coro do Teatro Municipal. "Tecnicamente nunca havia sido feito nada próximo disso no Brasil", frisa o vocalista e guitarrista do Barão. E, por falar no coral do Municipal, Frejat recorda uma saia justa passada pelo maestro Isaac Karabtchevsky, regente da encrenca: "Lembro do coro do Teatro Municipal ter tido uma discussão grande com o maestro Karabtchevsky porque eles se recusavam a bater palmas como estava escrito no arranjo feito pelo Guto Graça Mello, alegando que eles eram cantores e não estavam ali para isso. Acabaram sendo convencidos pelo maestro a muito custo", revela o eterno Barão. "O hilário foi ver aquelas senhoras de [vestido] longo e senhores do coro cantando blablablá", completa Evandro.

Como as vendagens de *Radioatividade* foram, digamos, mais lentas do que as do primeiro disco, o *Aventuras*, a Blitz resolveu seguir trabalhando e achou melhor adiar as gravações do terceiro LP para o final de 1984. "É isso o que a gente quer. Tocar. E tocar muito", dizia Evandro. E tome show, camiseta, pôster, roupa, bóton, álbum de figurinhas, clipe no Fantástico, o escambau. Era uma verdadeira blitzmania.

Sensacional!; Pedro atacando de backing; Evandro e um cabeludo Liminha

CAPÍTULO 4

BLITZ-MANIA (BE-BA BLITZ!)

A expressão que hoje dá nome ao site da banda surgiu bem no iniciozinho de 1983, quando começaram a pipocar produtos de todos os tipos com a marca Blitz. Dá para dizer que era uma espécie de "beatlemania brasileira", sensação só experimentada anos depois pelo RPM. "O segundo disco solidificou a blitzmania", afirma Billy. Fora isso, a imprensa rendeu-se ao bom humor e ao estrondoso sucesso do septeto carioca. Em uma edição da revista *Manchete*, numa foto com Evandro de língua de fora e ainda sem Juba,

Blitzmania: o paraíso é aqui

a Blitz era comparada ao quarteto de Liverpool:

BLITZ: QUASE RIMA E TEM ALGO EM COMUM COM OS BEATLES

Um fanático da MPB poderia dizer: tal como os Beatles, foi a partir de dois rapazes que eles começaram um conjunto musical. Tal como eles, a composição final do grupo só se estabeleceu depois de algumas tentativas e da saída de um importante elemento. Da mesma forma, o começo foi tímido, com mais amor à arte que retorno financeiro. E, tal como aconteceu aos rapazes de Liverpool, um acaso os levou a um bom produtor. E este soube entender que ali estava uma renovação musical baseada na linguagem

BETTY FRÍGIDA

viva da juventude. Tal como logo no primeiro disco. Ensim?) e 'Você não soube me mente vinte anos. Mudou a ela, mas o amor permanece *os Beatles, a Blitz explodiu tre 'Love me do' (Me ame, amar' passaram-se exatajuventude e a música com como o eterno tema.*

Havia uma outra coincidênciam ao cast da gravadora EMI. portamento, a *Veja* do dia 13 de língua blitz", dizendo que "a jua música". A revistona semanal de como o Rio de Janeiro havia do dialeto blitz": cia: os dois conjuntos pertenNuma outra matéria de comoutubro de 1982 destacava "a ventude do Rio falava conforme seguiu dando alguns exemplos "entrado rápido na brincadeira

Começou na praia. Quando alguém está passando óleo nas costas de alguma garota, os amigos gritam de longe: "Desce dois, desce mais". Chegou depois às escolas. No Colégio Andrews, um dos melhores da cidade, um aluno flagrado pelo professor em plena tentativa de cola reagiu à altura do humor blitz: "Ok, você venceu", disse ele, e entregou a prova em meio ao delírio dos colegas.

Nem o badalado colunista do *Jornal do Brasil*, Zózimo Barroso do Amaral, resistiu à "linguagem cifrada marca Blitz" e publicou: "Em matéria de campanha eleitoral, está tudo muito bem, está tudo muito bom, mas realmente...". Os filhos de Nara Leão também adoravam a banda, assim como a cantora. Certa vez ela disse que aquela música "dava vontade de namorar". Era o reconhecimento da mídia nacional ao primeiro fenômeno pop do chamado BRock.

A *IstoÉ* de 21 de outubro estampava a banda com foto cheia numa capa que dizia o seguinte: "OK, BLITZ, VOCÊ VENCEU". O título da reportagem de seis páginas, assinada pela jornalista Regina Echeverria, brincava com a letra de "Você não soube me amar": "DESCE UMA BLITZ! A fulminante ascensão de uma história em quadrinhos feita de chope, sexo, batata frita e um rock cheio de breque". E continuava desse jeito: "De repente, uma onda progressiva explodiu em cores para todo o Brasil, cantando e contando uma história banal, linguagem corriqueira das praias e esquinas, dos apartamentos e papos de madruga- da. A onda era empurrada por uma banda de rock do Rio de Janeiro, som dançante, texto da canção quase falado". E por aí seguiu a completíssima matéria, apresentando os integrantes um a um e tentando explicar o segredo do suces- so, dando uma geral no que rolava de parecido no resto do país, com especialistas opi- nando e coisa e tal.

RONI RÚSTICO

Na TV só dava Blitz: de Raul Gil (única aparição televisiva com Lobão na banda, de ócu- los escuros e coletinho, que acabou estourando a pele da caixa da bateria de tanta raiva que tinha de fazer playback), passando pelo tradicional clipe do Fantástico – gravado logo depois do lançamento do compacto – até o programa preferido de Evandro, o de Abelardo Barbosa. O Chacrinha anunciava a Blitz como "a maior banda da América Latina". Evandro relembra: "Era um programa muito maneiro de fazer, o maior recreio. Mas rolava uma puta organização por trás, com o pessoal da produção. Quando você saía daquele túnel [que dava acesso ao palco], tudo podia acontecer: vinha um câmera embaixo da sua perna, o Chacrinha te empurrava pra platéia, jogava bacalhau. A gente chegou a levar piscina infantil com água pra mergulhar em "Weekend"... e o Chacrinha sempre falava o nome da Blitz errado, saía Blitseeeee", diverte-se um saudoso Evandro. Dos tempos de Velho Guerreiro, ficaram trepidantes histó-

Blitz ajudará a vender café

O IBC começa de forma bombástica — dia 10 de fevereiro, nos intervalos do Fantástico — a divulgar sua campanha promocional de consumo de café pela juventude, que

EVANDRO

custou Cr$ 5 bilhões. Os comerciais, produzidos pela Alcântara Machado Publicidade, terão como estrela o conjunto Blitz, à frente o líder Evandro Mesquita. Com o aumento do quilo do café para Cr$ 18 mil, será preciso mesmo muita ação de marketing para induzir o ressabiado consumidor a tomar mais cafezinho, já que a xícara pode chegar até Cr$ 800 nos bares.

Chico

O.K., VOCÊ VENCEU!

O MOREIRA DEMOROU TANTO QUE A FRASE JÁ SAIU DE MODA...

Blitz, vendendo café e figurinhas

Blitz em tarefas

N OS anúncios do IBC, a Blitz enfrenta uma tarefa mais árdua que levantar a platéia do Rock In Rio com equipamento de som pifado: Evandro, Márcia, Fernanda, Antônio Pedro, Ricardo Barreto, William e Juba tentam vender café depois do aumento. Nas bancas, a partir desta semana, o sucesso do conjunto encara um desafio menos complicado: encontrar compradores para um álbum de figurinhas. Montado pela Bela Arte, empresa responsável pelo "visual Blitz", com textos do poeta Chacal (letrista eventual do grupo), o álbum comporta 180 **stickers** adesivos, que dispensam cola e dedos lambusados. O tema é o de **sempre**: as aventuras da Blitz, em sua permanente associação com as histórias em quadrinhos.

A minissaia de Márcia e a cor viva do jeans da Fernanda, o estilo Blitz

MODA BLITZ

DOMINGO
MAIS PRESENTES

Um fanático da MPB poderia dizer: tal como os Beatles, foi a partir de dois rapazes que eles começaram um conjunto musical. Tal como eles, a composição final do grupo só se estabeleceu depois de algumas tentativas e da saída de um importante elemento. Da mesma forma, o começo foi tímido, com mais amor à arte que retorno financeiro. E, tal como aconteceu aos rapazes de Liverpool, um acaso os levou a um bom produtor. E este soube entender que ali estava uma renovação musical baseada na linguagem viva da juventude. Tal como os Beatles, o Blitz explodiu logo no primeiro disco. Entre *Love Me Do (Me Ame, Sim?)* e *Você Não Soube Me Amar* passaram-se exatamente 20 anos. Mudou a juventude, e a música com ela, mas o amor permanece como eterno tema. O que é o fenômeno Blitz, e quem são esses jovens que fazem hoje o maior sucesso no Brasil?

BLITZ
Quase rimam e tem algo em comum com os
BEATLES

William, Antônio Pedro (de óculos), Fernanda, Márcia, Ricardo e, fazendo careta, Evandro Mesquita, líder do Blitz. Só falta na foto Roberto Gurgel, o Juba, recentemente integrado ao grupo. Irreverência + espontaneidade = sucesso.

JORNAL DO BRASIL

Rio de Janeiro — Domingo, 10 de fevereiro de 1985

Blitz abre a campanha para convencer o jovem brasileiro a beber mais café..............................Pág. 7

rias de bastidores das famosas e doloridas caravanas de Abelardo Barbosa, que corriam os subúrbios cariocas.

Muita gente do meio artístico reclamava do esquema dessas caravanas. As aparições nos programas eram "pagas" com playbacks nos clubes do subúrbio. "Na maioria das vezes rolava um cachê simbólico, até porque não eram shows completos", explica Evandro. "Fizemos de graça, algumas vezes a pedido da produção do programa. A parte boa eram as chacretes", finaliza o cantor.

"A gente fazia muito playback com o Chacrinha, fazia três por noite. A gente não conseguiu fazer quatro, até tentou, mas o Evandro não agüentou e passou mal. Naquela época playback pra gente era a mesma coisa, a gente mandava ver do mesmo jeito. Eu tocava violão, porque não fazia sentido levar teclado no playback, e saía sangue pra caralho do meu dedo", lembra o tecladista.

Mas nem todos os programas eram assim tão divertidos de se fazer quanto o do Velho Guerreiro. Do Globo de Ouro, que fazia uma espécie de parada de sucessos semanal na TV, o ator-cantor já não sente tanta saudade. "Era aquela coisa fria pra cacete, ensaiadinha. O baixista tinha que tocar umas cinco vezes, o guitarrista umas quatro, depois só o baterista. Fora aquelas modelos na primeira fila", revela. Márcia Bulcão era outra que não curtia muito o clima nos bastidores, muito menos o tempo de espera para entrar no ar. A banda chegava a perder tardes inteiras no extinto Teatro Fênix.

Por falar no saudoso teatro global, que ficava no Jardim Botânico e deu lugar a um luxuoso condomínio, muitos clipes da Blitz para o Fantástico foram gravados lá. O de "Geme, geme" foi um deles. O vídeo era uma grande brincadeira. A banda foi gravada em diversas situações: tocando no palco, operando as câmeras e até a mesa de som. Era como se Evandro, Billy, Juba, Márcia, Barreto, Fernanda e Pedro fizessem todos os papéis. "A gente fazia muito clipe para o Fantástico, e cada clipe daqueles às vezes era uma semana, um mês para fazer. Mil loucuras, alugava coisa a pampa", lembra o tecladista.

O primeiro clipe rodado para a revista dominical da Globo foi, claro, "Você não soube me amar". Com a bagagem cênica dos tempos de Asdrúbal, Evandro participava da concepção dos vídeos. "Eu fazia roteiro, storyboard e o Walesko dirigia. A música já tocava nas rádios, mas ninguém sabia quem tava cantando, o compacto não tinha fotos. Quando as pessoas viram as caras no clipe e ligaram com o som, arrebentou geral", conta Evandro.

O clipe de "A dois passos do paraíso" foi gravado parte no Marina Barra Clube e parte nas praias da Barra, pasme, como se fosse um deserto. Naquele tempo o balneário da zona oeste carioca estava longe de ser o paraíso dos novos ricos em que acabou se transformando.

Reza a lenda que, durante uma tomada feita de longe dos cowboys exaustos chegando à cidade, o que eles acenderam não era um "cigarro careta", e, sim, um baseado. Pior: a cena foi ao ar em rede nacional, no Fantástico. "Só a Blitz *and friends* sabiam do outro lado da cena", revela Evandro.

Já o vídeo de "Weekend" foi rodado pelas ruas da cidade "num carraço conversível e na Lagoa do Recreio dos Bandeirantes num clima de aventura", conta Evandro. O vocalista da Blitz ficou vestido de guarda na rua da praia e, de sacanagem, parava alguns carros de surfistas como se fosse dar uma dura, uma blitz. "Os caras paravam tensos e só depois eu me apresentava pra alívio e surpresa geral. Teve um que parei e falei 'Vou dar uma presença pra vocês passarem na blitz', e dei uma fita cassete com o nosso disco *Radioatividade*. Eles ficaram chocados, queriam descer e tudo, mas eu mandei embora dizendo que estavam gravando de longe pra TV", lembra o cantor.

Depois, na Lagoa do Recreio, um pequeno bote saía de uma ilha num clima de weekend total. "Quando dei a idéia de virarmos o barco, logo aceita pelo diretor, a galera se desesperou. Barco virado, atolamos o pé na lama de merda. Perdi o tênis, Barreto mergulhou de cabeça, enterrou a mesma na lama e saiu como um jamaicano. As meninas se atolaram com aquela água preta como petróleo. O Juba, de calça branca, ficou com a bunda transparente. Tá tudo isso no clipe, um show de horror divertido; rimos muito", diverte-se Evandro.

Para o mesmo Fantástico, a Blitz ainda fez videoclipes da música "Eugênio" e "Louca paixão", ambas do disco 3. "Em 'Louca paixão', os homens faziam as mulheres e as meninas, os homens. Tinha um clima mafioso. Mas já estávamos meio estremecidos e a energia não fluía mais; foi um final de casamento. E em casamento a sete e sem sexo, o naufrágio é iminente. Com muitos negos e egos, era difícil levantar a bola pro outro cortar. Fuxicos. futricas. Qualquer peladeiro sabe da importância de todos, é daí que sai a vitória do time, do goleiro ao ponta-esquerda", completa Evandro.

Manchete

exclusivo
JULIO IGLESIAS
de corpo inteiro

COMO COMBATER A ALERGIA INFANTIL

TANCREDO NEVES
o presidenciável das oposições

BLITZ
uma banda balança o Brasil

CAPRICHO *apresenta*

Edição: Almir Nahas e Mônica Serino

JOR
São Pau

Depois deles,

NESTA EDIÇÃO:

- **FURO!**
  A BLITZ VAI
  FAZER CINEMA

- **EVANDRO E CIA. NA INTIMIDADE**

- **AS MÚSICAS DO NOVO DISCO**

- **EXCLUSIVO: DETALHES DO ESTÚDIO**

- **DIVIRTA-SE: BRINCANDO COM A BLITZ**

EU NÃO CONSIGO
TE VER SEM MIM

E FAZ BEM.
E FAZ CAFÉ
VER QUE EU
FAÇA?

IBC - INSTITUTO BRASILEIRO DO CAFÉ
MINISTÉRIO DA INDÚSTRIA E DO COMÉRCIO

AL DABLITZ

★ ÚLTIMO CLICHÉ
R. Geraldo F. Gomes, 61

Ano I   n.º 1
bro de 1984

MPB não é mais a mesma

A Blitz de Evandro e a multidão: um caso de amor

Rio de Janeiro, um tempinho   tar, e voltando sempre. Só em Sampa, pela
em Quito   já passei pelo Jardim América,
Vista, Vila Madalena, Jardim

Foi também no Teatro Fênix que a Blitz, recém-saída da avassaladora temporada no Canecão, aterrissou para a gravação do primeiro especial de TV da banda: Blitz contra o Gênio do Mal. *O Globo* do dia 5 de julho de 1984 noticiou a história apostando em "muita energia e alegria, ao som de alguns dos principais sucessos do disco no momento". A espinha dorsal do programa era o show da badalada turnê do LP *Radioatividade*. Quem não conseguia encontrar motivos para tanta alegria era justamente Evandro Mesquita. "Eu não gostei do que vi e nem de fazer. Fora os comerciais, pelos quais fomos pagos, foi a primeira vez que pessoas de fora escreviam para nós. E foi uma visão meio infantilóide do que éramos. Aquela história não me descia direito. Clones, duendes, vilões caricatos demais... Ficamos entre Zorra Total e filmes da Xuxa. Fora que, durante as gravações, houve brigas entre o diretor e um de nós. Clima desagradável, carrancudo e pesado", lembra o cantor.

Mesmo assim, às 21h, "Babalu" e "Rapsódia blue", ou Patrycia Travassos e Oswaldo Loureiro, agitavam a platéia com mais onze falsos gângsteres que tramavam o seqüestro da banda. "Tudo com muito humor, correria e pastelão", dizia a reportagem de Sonia Biondo. Antes da gravação começar, alguém da TV Globo subiu ao palco e pediu à platéia que guardasse os crachás de "visitantes" e vaiasse os caricatos bandidos. O público, impaciente com a demora, nem fez esforço e uivou em alto e bom som.

O cenário era simples, mas bem bolado. Pedaços de plástico brancos e transparentes cortavam o palco, interagindo com as luzes multicoloridas. E, por falar em cor, a Blitz entrou em cena acesa, misturando verde-limão, rosa-choque, laranja e verde fluorescente, que seria "a grande novidade do próximo verão", segundo a imprensa especializada em moda da época. A banda foi enfileirando um sucesso atrás do outro até encerrar com *"Você não soube me amar"*, às 22h45.

Ainda viriam outras gravações, como o show promovido na Praça da Apoteose no dia 7 de julho, já comentado no capítulo dois. O programa de TV, com seqüestro e tudo mais, foi ao ar no dia 19 de outubro de 1984 na emissora global. "Apenas o show da Apoteose foi pra valer, e a nossa cara tava lá. Filmado também em 35 mm pelo Murilo Salles, que iria aproveitar o material para um futuro e decapitado roteiro de um longa-metragem para a Blitz que eu e Patrycia Travassos estávamos escrevendo", lembra o cantor.

Amigo do pessoal da banda há algum tempo, o cineasta Murilo Salles resolveu aproveitar o megaevento para começar a rodar o que teria sido o filme da Blitz. "Pintou um contato com o Evandro e resolvemos fazer o longa", conta o premiado diretor. Salles espalhou sete câmeras de cinema pela Passarela do Samba para captar a performance do grupo em alta definição. A vontade era grande, no entanto a grana era curta. "A coisa saiu mais graças ao Marco Aurélio Marcondes [sócio da Rain, distribuidora de filmes]; foi ele quem bancou as filmagens do próprio bolso. A gente teve um prejuízo danado", revela o cineasta. Evandro chegou a cogitar via imprensa o nome do cineasta Nelson Pereira dos Santos, mas a encrenca acabou nas mãos de Salles mesmo.

Uma pena o público não ter tido o prazer de assistir às aventuras da Blitz na telona, o clima da banda já não era dos melhores. "O filme dançou como a Blitz dançou, já era o fim. Tinha um racha, uma divisão interna. Pensamos: vamos rodar antes que o grupo acabe. Eles vão dizer que isso é ficção da minha cabeça, mas tudo bem, sou ficcionista mesmo", conclui às gargalhadas o diretor de *Todos os corações do mundo*, filme oficial da Copa de 1994. Para Evandro, o filme era pura "fricção científica".

O roteiro tinha ficado a cargo do próprio Evandro e de Patrycia Travassos, que emprestou a casa de Santa Teresa, centro do Rio, para as reuniões que varavam a madrugada. "A história era inspirada nos Blues Brothers [filme de 1980 com John Belushi e Dan Aykroyd], uma coisa que contasse como a banda se reuniu, uma ficção da Blitz", conta Evandro. Algumas passagens acabaram sendo aproveitadas por Patrycia no seriado global Armação Ilimitada. Numa dessas reuniões, o projeto foi por água abaixo. "Nego não leu e não gostou", entrega Evandro. Com o impasse, Chacal foi convocado para reescrever a história. Dessa vez, quem não gostou foi Evandro. "O Chacal, que eu adoro, escreveu um roteiro que era literatura, não dava carpintaria de cena, não tinha conflito. Era uma longa poesia". O "*help*" tupiniquim" da Blitz não teve um final feliz, e o talento de ficcionista de Murilo nem precisou entrar em cena, o racha já era evidente. Segundo Evandro, foi um "pênalti perdido".

As filmagens no Sambódromo acabaram virando um clipe alternativo de "Você não soube me amar", exibido no Fantástico. "Ficou muito legal, foi uma coisa de louco. Só o Jodele [Larcher, diretor de TV] fazia coisas em vídeo no Fantástico. O nosso saiu um pouco depois de

Alô, pessoal! Aqui estamos nós, *Infernanda e Murcha*, do Conjunto *Shitz*, direto de Brasília, prontas para iniciar mais uma ridícula entrevista para o *MAD!* O entrevistado é o Deputado *Paulo Maluk*, escolhido como...

O PRESIDENCIÁVEL DO ANO!

TEXTOS: CLAUDIO ALMEIDA E OTA   ARTE: CARLOS CHAGAS

FURO: o 1º filme vem aí!

Em 1985, a Blitz vai fazer um filme. Isso mesmo: um longa-metragem com as aventuras dessa *troupe* que esbanja talento cênico, e já provou isso inúmeras vezes.

Por enquanto, tudo é segredo: quem vai dirigir, quem está escrevendo o roteiro, quando e onde vão ser as filmagens. Nossa equipe de reportagem conseguiu encontrar, num restaurante do Rio de Janeiro, um conhecido produtor cinematográfico e os músicos da banda almoçando e discutindo um contrato cujos termos não foram revelados. Maiores detalhes, nas próximas edições.

Todo esse talento, agora num longa-metragem.

É uma vida muito Blitz

Márcia e Ricardo Barreto começaram a namorar quando a Blitz ainda nem paquerava o sucesso. Hoje estão juntos e felizes. Por causa do pique de trabalho, não têm muito tempo para curtir o delicioso apartamento onde moram. Sempre existem pelos cantos do quarto as malas ainda não desfeitas desde a última viagem, e que assim já estão meio prontas para a próxima. Sacolas de supermercado vivem soltas pela cozinha, porque às vezes não dá tempo de arrumar na despensa. Talões de cheque passam dias em cima da mesa da sala.

Um casal quase normal

A vida deles tem sido um permanente entra-e-sai, e o tempo que sobra eles querem mais é curtir um ao outro. A casa? Bem, ela espera.

Barreto é, ao lado de Evandro, o fundador da Blitz, o pai da criança. Compositor de boa parte das músicas que eles cantam, faz arranjos e dá palpites em tudo. Sem ele, a Blitz seria outra coisa. Marcinha e Fernanda eram amigas desde criança, e, antes da Blitz, faziam teatro. Num raro momento de paz,

no meio do corre-corre, Ricardo Barreto e Márcia explicam por que estão absolutamente satisfeitos com a vida:

— Vivemos completamente envolvidos pelo trabalho com a banda — conta Barreto — e isso acontece desde o começo. A gente tinha noção de uma musicalidade que podia existir, mas que não chegava ainda aos ouvidos de ninguém. É um grande prazer ver essa música passar da

imaginação de dois ou três para a realização e dar na popularidade que está dando. Não me sinto o único responsável por isso, é claro. Cada vez mais, todo mundo no grupo está mais presente na per-

Marcinha e Ricardo, um caso mais antigo que o sucesso.

sonalidade da Blitz. Estamos mais amigos e a nossa música está evoluindo com isso.

Nas horas de folga, Márcia gosta de ir ao cinema com Fernandinha, e Barreto fica em casa: a TV o diverte mais.

"Aos sete anos se entregou ao vício"

Eugênio

Eugênio era um gênio
Era um menino prodígio
Seria um bebê lindo
Se não fossem as orelhas de abano
Logo que ele fez um ano
Tocava Beethoven no piano
Depois, com dois, quis tocar bateria
Seu pai chorava
Sua mãe sorria
Eugênio, um gênio
Eugênio
Eugênio era um gênio
Era um menino prodígio
Mundialmente conhecido no bairro
Como Cabeção
Aos cinco anos estudou com afinco e achava o máximo violão clássico
Aos seis, vou dizer pra vocês
Eugênio falava inglês, francês e alemão
Eugênio, um gênio
Eugênio
Aos sete anos se entregou ao vício — drops, balas, chicletes
Incentivado por seu tio Maurício
Aos oito anos, já de saco cheio da vida,
O pobre Eugênio caiu na bebida
Eugênio, um gênio
Eugênio
Eugênio era um gênio
Era um menino prodígio
Aos onze anos se casou
Depois divorciou
Aos doze anos ele perdeu a pose
Eugênio foi mais um gênio
Que não aconteceu
Um gênio experimental
Aos treze anos, cansado de tanta loucura,
Pegou um navio pra Cingapura e...
desapareceu.

Autores: Evandro e Ricardo Barreto

Ofereço esta tira para a Fernanda do Blitz

Bidu

by MÁRCIO

EM TROCA VOCÊ ME MANDA UMA FOTO E UM DISCO AUTOGRAFADO, TÁ?

'Bete Balanço', que usou trechos do filme, mas o da Blitz foi filmado como clipe mesmo. Acho até que foi um dos pioneiros rodados em 35 mm. Aí a gente mostrou pra Globo e o povo lá amou; resolveram botar no ar", explica Murilo.

Outro projeto que ficou engavetado poderia ter feito a alegria da garotada nos anos 80: os bonecos da Blitz. A história chegou a ser discutida com a rapaziada, contudo a ala mais roqueira da banda torceu a cara para a idéia, que tinha um quê de inspiração no universo pop dos Beatles. "Uma parte da banda achou bobagem", lamenta o designer Luiz Stein. "A idéia era lançar bonecos inspirados nos da Jovem Guarda, que fizeram sucesso nos anos 60", explica Luiz.

A falecida revista *Afinal* captou bem a vocação da Blitz para gerar subprodutos do rock. No dia 11 de dezembro de 1984, publicou a seguinte reportagem:

O RICO ROCK DA BANDA BLITZ
A proposta é ganhar dinheiro. Com música, roupas ou figurinhas.

No início do texto, a matéria sugeria dois nomes para a "empresa" carioca: Blitz & Cia. ou Blitz Corporation. Alusão ao "grande senso empresarial do grupo". Ivone de Virgiliis, empresária da banda na época, dizia o seguinte: "Eu materializo os sonhos da Blitz, uma inesgotável fonte de criatividade". Curiosidade: no auge, o cachê da banda era cobrado em ORTN, Obrigações Reajustáveis do Tesouro Nacional. Mesmo assim, o preço variava de acordo com o público pagante: 1.120 ORTNs até 12 mil pessoas e 1.455 acima desse limite.

Ainda em 84, e no maior clima *Grease*, a Blitz atacava de "Parei na contramão" no já tradicional especial de Natal do rei Roberto Carlos, naquele ano gravado no Maracanãzinho. O cenário era uma típica lanchonete dos anos 50. De repente, Evandro ao telefone:

A gata tava lá, paradona. Minissaia xadrez, peruca chanel. Eu com uma calça boca-de-sino, pestana dupla, com pisca-pisca, sapato carrapeta com dois andares arrisquei:

– Ei, broto!

E as vocalistas respondiam:

– Ooooooooiiiiiiiiii...

Evandro:

– Conhece a nova de Roberto e Erasmo?

Meninas:

– Não, canta aí!

E Evandro cantava:
– "Eu te darei o céu, meu bem... e o meu amor também".

E o frontman da Blitz seguia cantando o sucesso da dupla da Jovem Guarda, com Fernandinha e Márcia fazendo os vocais de resposta. Na seqüência, mais um diálogo de Evandro com as meninas seguido de uma "Splish splash" blitzniana. Uma virada de bateria era a deixa para o seguinte texto dito por Evandro:

Essa é uma das muitas histórias que acontecem com a Blitz. Primeiro, batata frita e "Você não soube me amar". Depois, "Geme, geme", "Betty Frígida" e "A dois passos do paraíso". Com vocês: o tremendão Erasmo Carlos e o meu amigo Roberto Carlos.

E todo mundo canta junto "Festa de arromba". Enquanto rolava o som, Evandro, Erasmo e Roberto ficavam trocando uma idéia com as meninas cantando o refrão no fundo. E para não dizer que a participação da Blitz no especial de fim de ano do "rei" foi toda gravada, Evandro e Roberto Carlos ainda tinham uma carta guardada na manga: um dueto ao vivo em "A dois passos do paraíso". Roberto chama a banda aos gritos da seguinte forma: "É uma blitz, é uma blitz!". Depois de um texto em que um perguntava ao outro se "tava tudo muito bem, tudo muito bom", a dupla dividia os vocais do clássico blitzniano.

Só da série Armação Ilimitada, idéia do ator André di Biase inspirada no jeito blitz de ser que contava com Patrycia Travassos no time de roteiristas, Evandro participou cinco vezes. No episódio "Jeca tatu, cotia não", Mesquita fez um capiau de dar inveja a qual-

quer membro da Família Buscapé, o Wandivando. A noiva Yolanda, interpretada por Fernanda Abreu, só repetia: "Éééééééééééééééééééé...".

O sucesso era tanto que "Você não soube me amar" foi parar na trilha da novela Sol de Verão e até no comercial do xampu Wella Seleção (com essência de ervas). O filme publicitário mostrava a Blitz em uma espécie de sítio fazendo diversas atividades: andando de bicicleta, jogando futebol, levantando pesos, mergulhando na piscina e, claro, lavando os cabelos numa banheira ao ar li-

vre. No final, o locutor da insólita propaganda dizia o bordão: "Xampu Wella Seleção, pra quem pega a vida de frente".

A Mesbla, na época a maior loja de departamentos no país, lançou a grife Blitz. A Yes Brazil chegou a desenhar uma coleção exclusiva, que foi usada pela banda na turnê do disco *Radioatividade*, em 1984. A Blitz estava, literalmente, na moda. Em janeiro de 1985, às vésperas do Rock in Rio, a Staroup – pioneira em fabricação de jeans no Brasil, no mercado desde 1956 – colocava em stands espalhados pelas lojas da Mesbla a "moda Blitz", com 75 mil peças para adultos e crianças e aprovação total do grupo. A galera chegou até a desenhar alguns modelos de camisetas, claro, sob a supervisão de Gringo Cardia e Luiz Stein. Era comum que a "moda do palco" fosse vendida onde a banda se apresentasse. *O Globo* chegou a publicar o seguinte:

A Blitz foi praticamente o primeiro grupo brasileiro (de rock ou não) a lançar não só um som próprio, mas também um visual, que vai do comportamento de seus componentes (especialmente Evandro, Márcia e Fernanda, que aparecem mais por serem vocalistas) até a roupa que eles usam.

No mesmo mês, a RGE (Rio Gráfica Editora) colocou nas bancas de jornal o álbum de figurinhas da Blitz com 200 figurinhas. Só em janeiro de 85, durante o Rock in Rio, 5 milhões de figurinhas abarrotaram as bancas do país. Fora isso, a Arrebentação, famosa loja carioca de surfwear da época, espalhava adesivos por toda a cidade. A rádio Transamérica, a mesma coisa. Isso sem falar nos milhares de bótons e cartazes que eram distribuídos pelo Rio, tudo criado pela Bela Arte.

Era Blitz pra todo lado, uma legítima blitzmania. Evandro chegou a dizer o seguinte na época: "A gente chega na filha da madame, na madame e na empregada".

Nem o Instituto Brasileiro do Café ficou de fora, com uma campanha publicitária que pegou carona no sucesso da banda: "Café, eu te amo, eu te adoro, eu não consigo te ver sem mim". A banda estrelava o comercial em que o café animava a rapaziada numa festa que andava pra lá de caída. Desce dois, desce mais.

A imprensa da época sacou que a presença de Evandro & Cia. em campanhas publicitárias rendia matéria. A reportagem da jornalista Elizabeth Orsini no *Jornal do Brasil* do dia 10 de outubro de 1985 confirma o interesse da mídia nas aventuras marqueteiras da Blitz. A manchete era a seguinte: "BLITZ ENTRA NA GUERRA PARA VENDER MAIS CAFÉ". A idéia era usar o café como uma espécie de pó mágico de pirlimpimpim, capaz de produzir grandes baratos. A intenção da campanha era "seduzir milhões de telespectadores na faixa até 29 anos", que na época chegava a quase 70% da população brasileira.

BLITZ DEU ROCK NO SAMBÓDROMO

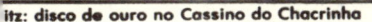
itz: disco de ouro no Cassino do Chacrinha

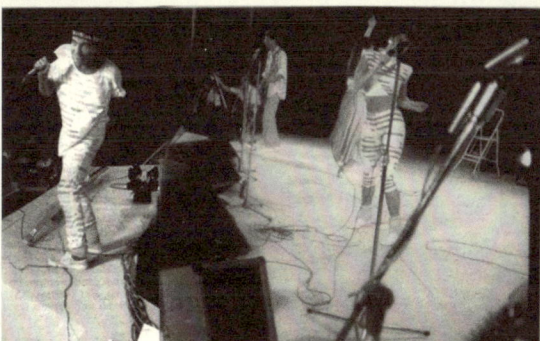

Uma plat
extreman
te jovem,
numerosa
delirante
tietou a B
do começo
fim, cante
todas as
músicas,
emociono
com a
explosão
fogos,
manifeste
se a favo
direta-já
levou
Evandro a
comentar
"Valeu a
grande
presença
galerinha

A Festa da Blitz no Canecão (MELHOR QUE UM ANIVERSÁRIO)

Fotos de Mabel Arthou

BLITZ

Delírio, pauleira, suor, desmaio: a despedida triunfal da Blitz

CHICO JUNIOR

A o último dia de shows da Blitz, o movimento já era intenso na porta do Canecão. Um movimento que repetia outros domingos, com uma meninada tão morenada indesil, colorida, bonita, sorridente. Uma meninada respirando sol, a som irreverente e alegre do rock Blitz. Das 3 aos 18 anos, em matéria. Mas havia até gente das seus 50 anos, puxada com pique no por filhos, netos, sobrinhos. E pais jovens, numerosos, na corrente jovem de seus filhos.

Lá dentro, enchendo, enchendo sempre. Às 10h30 o Canecão já estava lotado. Por volta das 16 horas, então, ficava difícil até para se mexer. No meio daquele gente toda, a mesma movimenta, em 16 anos, roía nervosamente a unha, à espera dos que ele considera "divinos" na conversa com a amiga também morena, também graciosa: "Ah, eles são divinos. Não vejo a hora de começar".

Seis horas, a guitarra: "Co-mece, co-me-ça, tá tá hora, tá na hora, então, Por volta das 16 horas, até das cortinas, surgindo a meninada, indicando que Evandro, Márcia, Fernanda, Antônio Pedro, Ricardo Barreto, William e Juba não tomando posição no palco. A guitarra acendeu. Minutos depois, o delírio. Abrem-se as cortinas e surge a Blitz. A partir daí, em sua loucura só, que começa com o sucesso "Week-end", música que tudo o público tem na ponta da língua. Esse e outros, todas na ponta da língua.

dro, no baixo, Ricardo, na guitarra, e o tecladista William são bravam atrás. Juba, baterista, e como que, por força do trabalho, tem que ficar sentado, dá o recado divon...tando. E puxando todo mundo, cantando, pulando, andando de um la

la "mariposa apaixonada delicip", mas por todos as ir símbolo apaixonada da Br Copacabana, do Méier, de S de Niterói. E pelos "artist dos" de todos os lugares.

Para
jovens com
os filhos,
Juba tam-
bém
onidos no
corrente
alegre
despertada
por
Evandro,
Márcia &
Cia

MAIO 1984 Cr$ 1500

CAPRICHO love!

Moda

♥ **A romântica noiva 84**
de vestido clássico
mas num visual
super moderno!

As grandes lojas
com roupas jovens
transadíssimas!

O jeans
no corpo dos
fotógrafos mais
gatos deste país!

Beleza
**Cuide com carinho
dos seus pés**

Profissão

*Fernandinha a star-
gata da Blitz
especial para Capricho*

A banda recebeu 420 milhões de reais de cachê para estrelar a campanha, entre videoclipes e cessão de direitos, contudo não autorizou que o IBC espalhasse displays pelos bares com a rapaziada tomando café no balcão. "Estamos promovendo um produto brasileiro, tão brasileiro quanto o rock que nós fazemos. E natural, muito mais natural do que refrigerantes", disse o baixista Antônio Pedro ao JB. Anos depois, Pedro revelou: "Esse comercial nós fizemos só pra nos recuperar de um banho que levamos no show da Apoteose, quando tocamos pra 35 mil pessoas e os empresários disseram que os ingressos eram falsificados e não recebemos nada".

Ronaldo Conde e Jair de Souza, diretores de criação e arte da campanha, justificavam a escolha da Blitz: "O conjunto é formado por duas moças e quatro rapazes, e um desses rapazes figura como líder, mas tal postura não é formalizada. Temos, com isso, um microcosmo da célula familiar. É grande a empatia", finalizou a dupla. Fora que o Rock in Rio estava por vir e a campanha "Beba mais café" queria pegar carona no evento jovem. No comercial, a festa sem graça aparecia em preto-e-branco e as pessoas completamente desanimadas. No entanto, quando o café entrava em cena, tudo ficava colorido – muito graças ao figurino especialmente concebido pela marca Mr. Wonderful – e rolava o seguinte diálogo: "Vamos ver o sol nascer ali na praça? Você faz café ou quer que eu faça?", perguntavam os rapazes. Márcia e Fernanda respondiam: "Só não quero ficar no bode que essa festa quer que eu fique. Eu já me liguei no café e tô no maior pique".

Filme pronto, o problema foi remover a "xicrinha" na qual a banda inteira se enfiou: o cacareco era gigantesco, só a xícara tinha quase 2 m de altura e o pires 3,75 m de diâmetro. Tudo feito de fibra de vidro. Aliás, a réplica gigante teve que ser montada dentro do estúdio onde foram feitas as filmagens e, para sair, teve que ser literalmente serrada.

O lado ruim dessa superexposição na mídia pode ter sido o início do desgaste interno no grupo. A agenda lotada de compromissos extrapalco sobrecarregava os integrantes, e a fogueira das vaidades começava a querer queimar. Um prato cheio para as egotrips.

CAPÍTULO 5

BLITZ 3 (Egotrips)

Dessa vez, nem Mariozinho Rocha, nem Liminha. Quem assinou a produção musical do último disco da primeira fase da carreira da Blitz foi Mayrton Bahia, gerente de produção que na época cuidava de um *cast* da Odeon relativo aos lançamentos na área pop-rock-MPB. Credenciado pelos trabalhos com Elis Regina, 14 Bis, Djavan, Wagner Tiso, Legião Urbana e Paralamas do Sucesso, o niteroiense tinha uma batata quente nas mãos: além do acabamento musical, tinha que administrar o desgaste natural dos anos de estrada, intermináveis

Quanto maior a altura, maior a queda

compromissos e as egotrips que começaram a pintar nas tensas sessões de gravação. "Tava virando emprego", recorda Evandro. "Foi uma pena parte da banda não ter topado de novo o Liminha como produtor. Eu queria ele até como músico convidado", lamenta o vocalista.

Mayrton diz não lembrar de brigas ou climas pesados no estúdio, porém reconhece que a missão de conceber *Blitz 3* foi espinhosa. "É comum as bandas chegarem ao terceiro disco muito cansadas, isso é característica do sucesso. Não percebi problemas pessoais. O que eu notei era que existiam muitas idéias musicais que não cabiam no mesmo disco. O trabalho foi conseguir fazer um consenso; essa era a dificuldade, tinha muita disputa. E isso, é claro, em alguns momentos, gerou uma tensão", conta o produtor. "Fora que era um disco pra final de ano e tinha uma cobrança da EMI pra terminar até uma data favorável para o lançamento. Eu senti mais pressão da gravadora. O final do disco foi dramático, eu ficava até de madrugada depurando as idéias", conclui Mayrton.

E o produtor que acabou virando professor, mais precisamente coordenador do curso superior de Gravação e Produção Fonográfica de uma Universidade do Rio de Janeiro, segue ensinando: "Eu prefiro quando a banda vai fazendo sucesso aos poucos. Um médico estuda anos pra enfiar o bisturi em alguém, um engenheiro a mesma coisa, não sai levantando um prédio de cara. Já o músico começa sendo exposto, cobrado, e não existe faculdade de artista, é aprender fazendo mesmo", explica. No caso da Blitz, a teoria de Mayrton aplicava-se mais ao sucesso meteórico do que à formação artística do grupo. "Geralmente é no terceiro disco que o artista vai entender a carreira. E a Blitz estava em ponto de bala." Acontece que o tiro pode ter saído pela culatra, finaliza o produtor. "O *Blitz 3* foi um disco tenso, atolado de brigas, disputas internas, egos disparados e descontrolados, tudo isso acompanhado de drogas e rock'n roll", reconhece Evandro.

Mariozinho Rocha, que mesmo trabalhando para a concorrente Polygram continuava co-ordenando os arranjos vocais, sacou a energia pesada que pairava sobre o recém-inaugura-do estúdio da Barra da Tijuca. "Senti um clima 'tem mais música sua do que minha' rolando e lembro de ter pensado: Essa merda não vai durar, esse é o último disco. E não deu outra", revela o produtor.

Billy comenta os turbulentos bastidores: "Meio que fomos as 'cobaias' de um estúdio que estava inaugurando na Barra da Tijuca, dava uns problemas e tal. Além disso, a rapaziada andava muito cansada, tocando direto, sem férias desde 82". Mesmo com o clima pesado, a

banda ainda arriscava inova-processo ainda artesanal de nos sintetizadores, entrou de com tudo na época", explica

Antes mesmo de chegar às terceiro LP da banda já estava refrões de "Egotrip" da Blitz e de eram praticamente idênticos.

ções. "Nesse disco, apesar do gravação, a gente caprichou vez na 'onda midi', que tava Billy.

lojas, perto do Natal de 1984, o envolvido numa polêmica: os "Eu me amo" do Ultraje a Rigor O da Blitz dizia o seguinte:

Eu me amo,/ eu me adoro, / eu *não consigo viver sem mim.*

Roger Moreira cantava assim:

Eu me amo,/ eu me amo, / não posso mais viver sem mim.

No site oficial do Ultraje a Rigor está escrito o seguinte:

"Eu me amo" foi bem nas rádios, impulsionada um pouco pela polêmica coincidência de refrões com a música "Egotrip", da Blitz. Mas o lado B do compacto, que começou a tocar no começo de 85, foi que detonou a explosão do Ultraje.

Cenário caprichado para um clima desgastado

Mesmo a letra de Evandro Mesquita e Patrycia Travassos sendo mais antiga, o grupo paulista lançou pela antiga WEA, atual Warner Music, o compacto com "Eu me amo" e "Rebelde sem causa" antes que o septeto carioca concluísse *Blitz 3*. "Foi coincidência mesmo, essa nem Freud explica; dança. Esse texto eu já utilizava há dois anos numa peça, A Incrível História de Nemias Demutcha. Depois, resolvemos incluir na letra da música. Acredito que o pessoal do Ultraje, gente fina, tenha feito a música deles com praticamente o mesmo refrão na base do acaso. Mas, como gravaram primeiro – e nós fomos avisados que o disco deles estava saindo –, resolvemos mudar o refrão. Ficou ainda melhor", explicou Evandro ao jornal *Folha da Manhã* em dezembro de 1984. Aliás, é bom deixar claro que a letra de "Egotrip" bebeu na fonte dos Rolling Stones. "Criei essa letra depois de ler uma entrevista de Keith Richards [guitarrista dos Stones] em que ele dizia: Eu e o Mick Jagger somos os caras mais gente fina que eu conheço", esclarece Mesquita. No fim das contas, a mudança foi mínima. O refrão gravado ficou assim:

Eu te amo,/ eu me adoro,/ eu não consigo te ver sem mim

A galera do Ultraje tomou conhecimento da coincidência quando uma figura misteriosa, provavelmente algum divulgador da gravadora (nem Roger nem Liminha lembram muito bem), apareceu no estúdio Transamérica do Rio, onde a banda estava gravando, e ouviu a faixa pronta. "O Liminha estava mostrando as músicas e o cara falou: Nossa, a Blitz tá gravando uma música igual, o refrão é idêntico!", conta Roger Moreira, frontman da banda paulista.

Dá para dizer que o mal-entendido em torno dessa história foi bom pelo menos pra uma das partes, como lembra Roger: "Na época foi bom pra gente, a Blitz já era um sucesso e o Ultraje ainda tava ficando conhecido", reconhece. "Por inocência da minha parte e por culpa da imprensa, que ficava cutucando, saiu um pouco de provocação na mídia. Mas eu nem conhecia o Evandro pessoalmente. Um dia nos encontramos no aeroporto e ficou tudo bem", completa Roger. "Fizeram um auê com a coincidência, que era só no refrão. O tema era diferente, a levada também", conclui. Um trecho da reportagem da *Folha de S. Paulo* do início de dezembro de 1984 dizia assim:

Um é pouco, dois é bom, três é demais! Com esse lema, o conjunto Blitz está lançando seu terceiro LP, que tem de tudo: reggae, rock, samba, carnaval, balada. Mas a música que deu o que falar é a que já está tocando no rádio: "Egotrip". Tudo porque o refrão é muito parecido com o de "Eu me amo", do conjunto Ultraje a Rigor. Na verdade, eram idênticos, mas a coincidência foi descoberta na época da gravação e o refrão foi mudado.

A matéria, assinada pela sucursal do Rio, seguia comparando os refrões e encerrava o assunto desse jeito:

A letra é de Patrycia Travassos e Evandro Mesquita, que nega qualquer intenção de plágio.

Problemas com egotrip à parte, dá para dizer que só outras duas faixas fizeram algum barulho nas rádios: "Eugênio" e "Dali de Salvador", uma balada esperta assinada por Evandro e Antônio Pedro. Porém nada que se comparasse ao sucesso dos discos anteriores.

Coincidências infelizes resolvidas, *Blitz 3* chegou às lojas em dezembro de 1984 e trazia uma inovação na embalagem: o disco saiu com três capas iguais e cores diferentes, uma vermelha, uma amarela e outra verde. A bolacha preta vinha dentro de um encarte supercolorido com fotos dos integrantes e letras das músicas. Na época do lançamento, Jamari França, em artigo no JB, disse assim: "Nenhum artista brasileiro tem programação visual tão sofisticada e complexa quanto a Blitz".

A história das três capas, claro, também foi coisa da dupla da Bela Arte. Em 1984, os integrantes da Blitz já eram conhecidíssimos em todo o Brasil. A princípio, a idéia era aproveitar a popularidade da banda e transformar a galera em figuras quase escultóricas, pintadas pelo maquiador Tadashi. Dessa vez, Cafi foi substituído pelo fotógrafo Richard Roberto, muito ligado à publicidade. "O resultado foi bacana, mas parecia exagerado. Aquilo não se sus-

Blitz 3: o último truque escondido na cartola?

tentou como capa de disco e, em paralelo, foi nascendo a idéia de fazer uma nova marca da Blitz, uma marca que fosse mais permanente, porque a Blitz já tinha tido outras marcas antes e todo ano a gente mudava o logotipo nos shows, em cada uma das coisas", explica Luiz Stein. As fotos "escultóricas" acabaram virando cartões destacáveis que iam encartados nos LPs. Outro probleminha à vista: os designers não conseguiam definir a cor da capa. Para não precisar resolver a questão, Luiz e Gringo chegaram a propor à EMI que quatro capas diferentes fossem lançadas, mas a gravadora acabou com a onda da dupla rebatendo: "No máximo três". E assim foi feito: *Blitz 3* saiu com fundos vermelho, amarelo e verde. Com essas cores nascia uma nova logomarca. "Tem a ver com o super-homem e com o logotipo do LP *Radioatividade*, que tinha essa coisa meio do losango. São elementos misturados de cultura pop. Tem a ver um pouco com futebol também, que o Evandro sempre curtiu, mas que os outros da banda não tinham muita relação", dispara Stein.

Contudo o visual caprichado não foi suficiente para garantir o sucesso do recheio. A forma, como sempre, estava ok, mas o conteúdo não convenceu a imprensa, acostumada que estava com o impacto das bolachas anteriores. A revista *Som Três* escreveu o seguinte sobre *Blitz 3*:

Não, eu não quero passar um weekend com você! Tirando xerox das melodias, falando o carioquês e cantando o cotidiano sem um charme especial, a Blitz ficou olhando o próprio umbigo e hoje é chatíssima.

Mayrton Bahia, pai da criança, minimiza a reação mal-humorada da imprensa: "Todo disco novo da Legião [Urbana] era a mesma história: a imprensa batia e os críticos sempre diziam que o rock tinha acabado. Meses depois, com o sucesso, muitos mudavam de opinião. Todo jornalista queria ser uma espécie de porta-voz da novidade. Isso faz parte do jogo, quando você trabalha com artista que faz sucesso, tem que estar preparado pra isso aí", conta o produtor, conformado.

A *IstoÉ* de 5 de dezembro de 1984 não poupava o terceiro LP do grupo carioca e começava a crítica dizendo: "Calma, Blitz, calma...". O texto abria da seguinte forma:

Fernanda se esbaldando na turnê de *Blitz 3*

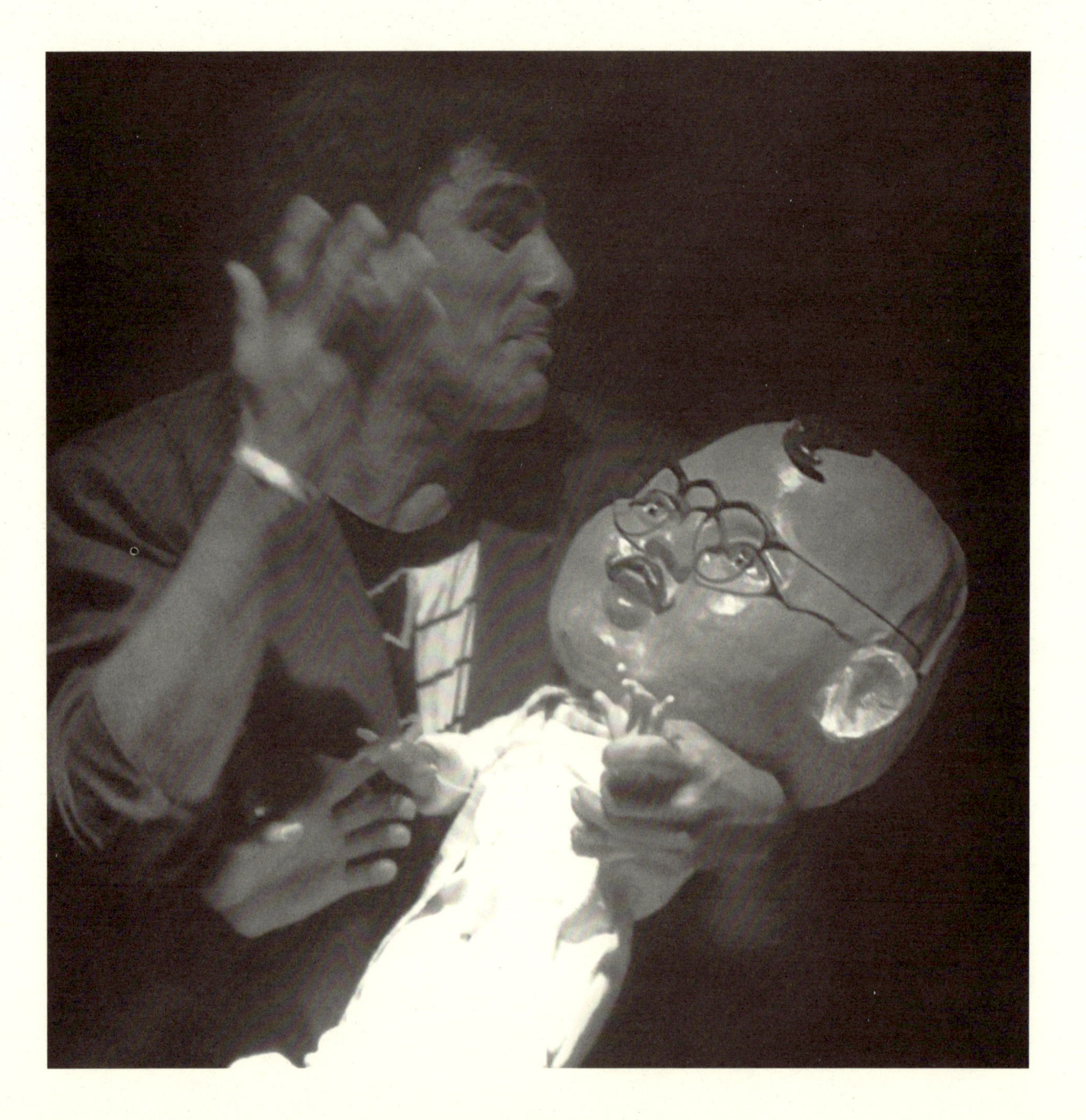

Fala, cabeça: Evandro com Eugênio – de bigode e tudo – no colo

Tava tudo muito bom, tudo muito bem – mas a Blitz acreditou mais do que devia no sucesso-relâmpago de suas brincadeiras. Como criança que se excede, acabou gravando um terceiro LP onde a (já velha) irreverência não tem graça alguma.

Depois de dissecar o disco música por música, o crítico, que chegou a comparar a bolacha blitzniana com o segundo LP do grupo paulista Premeditando o Breque, dava o golpe de misericórdia no já combalido elepê: "As novas aventuras da Blitz, aliás, parecem encomenda da Globo".

Contudo nem toda a imprensa fez coro com a defenestração do álbum. O jornalista Antônio Carlos Miguel pegou mais leve no *Jornal da Tarde* de 4 dezembro de 1984, anunciando "Um som meio velho, mas ainda divertido":

Nenhuma novidade nas 12 faixas de Blitz 3, *mas o grupo continua firme e forte, embalando a galera. Nada de muito complexo, arranjos diretos para rocks, reggaes, e até uma marchinha carnavalesca, que tem como principal objetivo a dança, a descontração. É nas letras que a Blitz realmente tem sua marca pessoal.*

Fernando Naporano, da *Folha de S.Paulo*, enxergou "um mosaico das boa virtudes, defeituosas e constantes", no terceiro disco da banda. Segue um trecho da crítica publicada em 18 de dezembro de 1984:

Desde sua aparição no mercado pop nacional, a Blitz tem se tornado foco de controvérsias, asquerosos bairrismos e pobres polêmicas. Apesar de todas essas observações, continuaram a realizar suas premissas, veiculando o mais amplo retrato do cerne brasileiro. A Blitz é uma perfeita salada de ritmos e ideologias, repleta de limites e virtudes, caracterizando os erros, as sacanagens e a beleza inserida em nossas escalas.

A *Fatos e Fotos* trazia uma página inteira com fotos da banda que "abriu as portas da MPB para o rock tupiniquim" e fatos como o sucesso da "divertida canção 'Egotrip', que vem conseguindo boas execuções nas rádios". O título dizia assim:

A VIRADA DO BLITZ

"Não somos mais um grupo de rock, mas de música pop brasileira."

Billy tenta justificar o desgaste que rolava na época e que teria atrapalhado as gravações: ***"O Blitz 3 ainda tinha coisa boa, mas a gente precisava de férias, que a empresária não deu. Era disco, turnê, disco, turnê. E quatro anos assim não tem ser humano que segure", reclama o tecladista. E segue: "Uma coisa que a gente curtia conseguiu estragar porque virou carne de vaca, você nem quer ver na frente. Foi o primeiro LP da história que saiu com três capas diferentes, olha o luxo. Hoje em dia, se você for pensar, aquilo foi um exagero", finaliza Billy.***

O ritmo alucinado disco-turnê-disco-turnê comentado pelo tecladista começava a atrapalhar o processo criativo da banda. Mesmo assim, muita coisa do terceiro disco pintou na estrada. "Nessa correria a gente ainda encontrava tempo em hotel para compor. Ia nos quartos, revezando, com violão, teclado, era legal pra caramba. Eu gosto de um monte de música do *Blitz 3*, gosto de 'Dali de Salvador', de 'Eugênio' e 'Louca paixão'. Só que não cheguei a tocar nada porque logo depois que saiu o disco já deu merda. Foi um disco que fizemos um playback na Xuxa, quando era na Manchete ainda. Parece que fizemos Angélica

Na estrada com *Blitz 3*

depois, logo que a Xuxa saiu. Isso em 86; fizemos pouco. Não lembro se fizemos turnê com o terceiro", completa Billy.

Márcia disse ao JT na época: "A gente tenta conversar, é difícil às vezes, mas sempre resolvemos tudo. Botar as coisas pra fora é sempre bom; é supernecessária a briga. A gente chega em casa e depois pensa sobre tudo. Mas em relação ao disco, este ano foi bem menos tenso". Menos tenso? Não era bem assim que a banda tocaria no ano seguinte.

Ao apagar das luzes de 1984, mais precisamente em novembro, um fato inusitado: Mick Jagger

Você vai, você vem: e tome show

aterrissava no Brasil para rodar *Running out of luck*, uma espécie de filme de divulgação de seu disco solo, *She's the Boss*. O Stone foi ao Rio de Janeiro com o diretor Julien Temple, filho da atriz Shirley Temple, que já havia dirigido dois clipes dos Stones para as filmagens de uma espécie de coletânea em vídeo das músicas do álbum novo.

Mick e Julien queriam músicos brasileiros para o média-metragem. "Os dois ficaram hospedados num quarto do [hotel] Copacabana Palace testando os concorrentes. A Blitz foi lá, alguém da gravadora indicou. Eu e Billy fomos escolhidos, o que também acabou criando

um certo clima na banda", lembra Evandro. Dadi, que já havia tocado com Jagger e era "conhecido" do cantor, foi escolhido como baixista. Na bateria, Natcho. Na guitarra, Didito, um cabeludo que Evandro conhecia das peladas do Caxinguelê. Foi montada ainda uma outra banda só com negros, da qual fazia parte o baterista Chocolate, ex-Lulu Santos e a turma da Black Rio. O hoje diretor e então produtor Flávio Tambellini ajudou na escolha do cast brasileiro. Além dos músicos, os atores Walmor Chagas e Maria Zilda também passaram pela suíte de Mick.

Fernanda, literalmente, se equilibrando

Sobrou até uma ponta para Ritchie na insólita produção. O cantor estava em São Paulo quando recebeu um telefonema do pessoal da gravadora. "O disco solo de Mick Jagger foi lançado pela CBS-Epic, que era o meu selo também. Eu tava em evidência na época, e ele precisava de um pop star inglês chegando no Brasil. Aí me ofereceram e disseram: Vem pro Rio que o Mick Jagger quer você num filme", conta sir Richard Court.

A banda da qual Evandro e Billy faziam parte filmou nos antigos estúdios de Renato Aragão, no Recreio dos Bandeirantes, zona oeste do Rio. Nos bastidores, momentos inesquecíveis para o ator que tinha no currículo uma partidinha de futebol com Bob Marley. "Eu estava com o Dadi, tocando violão, aí o Mick Jagger saiu do camarim e veio falar com a gente, simpaticão". Jagger ainda teve a manha de ensinar um ou outro acorde para o vocalista da Blitz que fazia as vezes de guitarrista nas filmagens. "Ele colocou a mão no braço do violão e veio cantando. Eu olhava pro lado, via aquele cara cantando com aquela bocona e pensava: Caralho...". Mas a cena acabou não sendo utilizada, só a banda formada por artistas negros foi aproveitada na versão final da película surreal. "Ele era seqüestrado por travestis no Brasil e desaparecia, se perdia na selva. E o manager dele, feito pelo ator Dennis Hopper, trazia um novo artista pro Brasil, que era eu", diz Ritchie dando risadas e tentando explicar um roteiro quase inexplicável.

O clima pesado que pairava sobre o reino blitzniano continuava, porém a tensão que embalava o disco *Blitz 3* foi abafada pela empolgação da banda quando soube que estava escalada para o maior festival de música já produzido no Brasil e, segundo a organização do evento, no mundo: o Rock in Rio.

 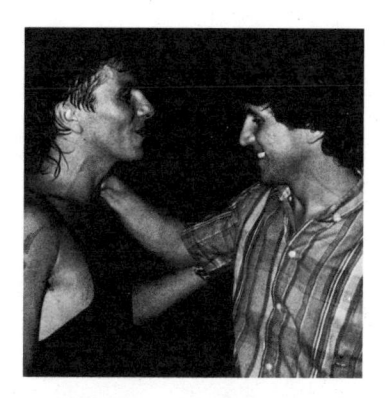 

Fernanda em ação; FlaxFlu: Evandro e Zico; Eugênio, o menino prodígio

CAPÍTULO

6

ROCK IN RIO (A BLITZ BATENDO UM BOLÃO NA CIDADE DO ROCK)

Houve um tempo, pasme, em que o Rock in Rio acontecia no Rio de Janeiro, e não em Lisboa, Madri ou qualquer outra cidade européia. A revista *Som Três*, importante publicação musical da época, apresentava o evento desse jeito: "No ano em que se comemoram os 15 anos da nação Woodstock, os roqueiros do Brasil começam a ver a concretização de um antigo sonho: dez dias de muito som, na grande festa que acontecerá de 11 a 20 de janeiro de 1985, no Rio de Janeiro, o Rock in Rio Festival".

Márcia e Evandro deitando e rolando no gigantesco palco do Rock in Rio

Depois que 77 mil caminhões de terra foram devidamente despejados num terreno virgem de quase 300 mil metros quadrados, conhecido na época como "Ilha Pura", que ficava ao lado do Riocentro, o Brasil finalmente entrava na rota dos grandes shows internacionais com o histórico Rock in Rio I, o megafestival de música idealizado por Roberto Medina, um publicitário sonhador que já havia trazido Frank Sinatra para um show no Maracanã. Medina repetiu o feito e, numa tacada só, contratou um *cast* internacional de fazer inveja a qualquer Woodstock: Queen, James Taylor (os xodós do contratante), Iron Maden, Yes, Rod Stewart, AC/DC, Scorpions, Whitesnake, Ozzy Osbourne e muitas outras feras.

Para dar uma pitada de múzinho em certas bandas que depois do festival, foi montado o palco de quase 6 mil me-Rock com as grandes estrelas da MPB como Erasmo Carlos, so, Rita Lee, Alceu Valença as bandas do recém-nascido deixando fitas demo sem pada Artplan, agência de publicica ficava na Lagoa Rodrigo de te recebeu o ok do produtor  sica brasileira e um empurrãoacabaram decolando de vez um *cast* nacional que dividiria tros quadrados da Cidade do de fora. Além de medalhões Gilberto Gil, Ney Matogrose Ivan Lins, foram escaladas Rock Brasil. De tanto insistir rar na portaria da antiga sede dade de Medina, que na époFreitas, um certo trio finalmenpara tocar nos dias 13 e 16 de janeiro, os Paralamas do Sucesso. Kid Abelha, Lulu Santos e Barão Vermelho, ainda com Cazuza nos vocais, também marcaram presença na chamada Via Nove, em Jacarepaguá.

Mas um septeto carioca era especialmente aguardado. Àquela altura do campeonato, dá para dizer que a Blitz era a atração nacional mais esperada do Rock in Rio, a única banda realmente famosa e bem-sucedida do BRock. E Roberto Medina sabia disso. "Eu, pessoalmente, gostava da Blitz, ouvia sem parar, era consumidor do som deles mesmo. O desenho do cast nacional começava por eles, eu não podia conceber o projeto sem a Blitz", revela o publicitário. "Não precisava ser um expert em música pra saber que a Blitz tinha que estar ali", finaliza. "Eu me lembro que o Medina fez uma reunião com a gente lá na Artplan pra mostrar a maquete. Era sensacional, ficamos chocados e amarradões", recorda Evandro.

Na imprensa, a expectativa era grande em torno da Blitz. O *Segundo Caderno* d'*O Globo* apostava na "vantagem da formação teatral" da banda. A reportagem lembrava as apresentações na Apoteose e no Maracanãzinho, com Roberto Carlos, e terminava chamando o público para um "rock alegre e dançante".

Evandro e sua trupe foram escalados para duas apresentações no festival. A Blitz foi a terceira atração do dia 13 de janeiro de 1985, depois de Paralamas e Lulu, antes da doidona alemã Nina Hagen, das meninas do Go-Go's e da voz rouca de Rod Stewart. Era o terceiro dia de festival, e o rock nacional finalmente dava as caras no evento. Com meia hora de atraso, às 16h30, o ator, surfista, tenista e mestre de cerimônias Kadu Moliterno anunciou "um grupo da pesada". Entraram os Paralamas tocando "Óculos".

A maior banda nacional da época caprichou no que sobrou de um palco quase todo ocupado pelos gigantescos equipamentos dos artistas internacionais. O cenário da Blitz tinha dois níveis de profundidade e um baita logotipo com letras brancas garrafais estampando o nome do grupo. Na música "Meu amor, que mau humor", até o carro vermelho que rodou o Brasil nas turnês do grupo entrou em cena. Aliás, é bom que uma coisa fique clara: a Blitz fazia questão de fazer o show completo, com cenários, figurinos e tudo mais onde quer que fosse, mesmo que os integrantes tivessem que abrir mão de boa parte do cachê para que isso fosse viável.

Na véspera, já na Cidade do Rock, a banda deu uma animada entrevista para a segunda edição do RJ TV, jornal local da Rede Globo. Reunidos e empolgados, os integrantes da Blitz eram só alegria. Primeiro, Evandro: "A gente vai trazer Marte mais pra perto do palco".

Blitz: o grande nome do cast nacional do evento

Pedro brincou com a esperada passagem de um cometa, programada para o ano seguinte:

"A gente vai apressar a vinda do cometa Halley pra todo mundo ver curtindo o festival".

Evandro fazia um certo mistério sobre a apresentação da Blitz: "Surpresa, surpresa...".
Marcinha se despedia e convidava o público: "Compareçam lá dias 13 e 20. Tchau!".
E Evandro dava o recado final: "Tá tudo pronto, o Rock in Rio vai ser chocante".
Entretanto o clima da primeira apresentação não foi assim tão "chocante". Muito pelo contrário, rolava uma tensão no ar apesar do lindo fim de tarde na Cidade do Rock. Antes mesmo de pisar no palco, Fernanda Abreu foi barrada por um truculento segurança porque tinha esquecido a credencial no camarim ou coisa parecida. Evandro, grilado com o som e se achando boicotado pelos gringos, estressou. Quase bateu em Raymond, o técnico de som inglês que foi ajeitar o microfone de Fernanda. Antônio Pedro, sacando o desespero do colega, ficou repetindo: "Vai que pra TV tá bom, vai que pra TV tá bom", gritava o baixista. "Não seria legal parar o show e eu sabia que para o público e para os que viam pela TV o som estava normal. Então eu falei pra banda: Vamos nessa galera, vamos até o fim. E continuamos tocando quase que por telepatia. O entrosamento era grande e poderíamos tocar até debaixo d'água", lembra Pedro. "Tem essa história de que o som tava esquisito, mas só até a terceira música. No ensaio tava maravilhoso, mas depois, no show, ficou estranho e a gente não entendia muito o que tava acontecendo. Achava que era daquele jeito mesmo. Pensei: Caramba, vai ser isso? A Fernanda já tava puta, desesperada porque não se ouvia", conta. Mas aos poucos o som "abriu" e a platéia se rendeu ao eterno menino do Rio, suas backings sensuais e ao irresistível suingue da banda. "Eu tenho a maior saudade mesmo, maravilhosas recordações do Rock in Rio I, que foi um aval de fora de que existia vida inteligente e pop no Brasil", lembra o vocalista. No livro *Vendedor de sonhos – a vida e a obra de Roberto Medina*, o jornalista Marcos Eduardo Neves escreveu assim:

Setenta mil pessoas se divertiram no temporal passageiro, porque foram atingidas durante uma blitz. Pois, assim que o grupo formado por Evandro Mesquita, Fernanda

Abreu e Márcia Bulcão entrou, não deu pra não pular. O líder da banda chegou a bater bola com o público. Bateu um bolão, por sinal.

Em trecho do mesmo livro, Evandro disse o seguinte: "Subi naquele palco totalmente careta e foi uma emoção maravilhosa". A imagem do vocalista da Blitz batendo um bolão com o público foi imortalizada como um símbolo do festival, a foto da tabelinha do cantor com a galera correu o mundo, foi parar até na revista *High Times*. "A gente vacilou de não ter escrito Blitz na bola", confessa Evandro. O vocalista leu a matéria num bar em Amsterdã chamado Bulldog. "Eles falaram muito bem da gente na reportagem", completa o cantor.

Quando a Blitz atacou "Geme, geme" e Evandro cantou o trecho que diz "seja sob o sol ou debaixo de chuva", São Pedro resolveu atender às preces do vocalista e mandou água do céu. Billy lembra bem do visual espetacular que a vista do palco proporcionava aos músicos: "Começou a chover e as luzes foram acendendo, a gente tocou bem no fim da tarde. Aí deu uma onda do caralho, foi um tunda (?) na cabeça (o Billy explicou dizendo que "tunda" era uma gíria paulistana... segundo ele, tem o sentido de um flash, um clarão). Parecia que a paisagem tinha sido esculpida, isso acabou desviando um pouco a atenção do som, que tava uma porcaria", emenda. "Não dava pra ouvir nada no lado esquerdo do palco. Eu tocava olhando pra mão do Juba, e o povo do sopro, incluindo Léo Gandelman, olhando pra minha mão", reclama o tecladista.

No dia seguinte, deu n'*O Globo*: "BLITZ: ALEGRIA À PROVA DE CHUVA E MICROFONIAS".

Na crítica assinada pela jornalista Ana Maria Bahiana, consta que a Blitz fez um show "empolgado e cheio de pique", o que era "a marca registrada da banda". Mesmo com a chuva que começou a cair momentos antes da apresentação de Evandro & Cia. e com as falhas no equipamento de som, o grupo triunfou. Bahiana ainda destacou "a gigantesca bola jogada em cima da platéia", o "reforço do acompanhamento instrumental" da percussão de Repolho e o naipe de metais já citado por Billy.

No *Jornal do Brasil*, Jamari França destacava: "O primeiro dia do 'Rock' nacional". O jornalista escreveu que o único problema havia sido quando "o microfone de Fernanda morreu

Blitz: alegria à prova de chuva ou microfonias

Mauricio Valadares

Nem a chuva pouco antes do início do show, nem o problema de som derrubaram a Blitz

...meçou a cho... ...minutos antes ...Blitz entrar ...palco. Para ...ar, o som co... ...ou a pifar no ...do show, api... ...e dando mi... ...nias, sumin... ...m determina... ...tores da pla... ...— que reagia ...ndo "aumen... ...som!" — e, fi... ...ente, deixou ...ndro mudo a ...passos do pa... ...o, ou seja, fal... ...o duas músi... ...para acabar o ...da Blitz.

...as nada disso ...ubou o grupo, ...fez um show ...polgado e ...o de pique — ...marca regis... ...a. Com um ...rio que trazia escrito Blitz em ...as garrafais e pequenos detalhes ...alco — uma janela com persia... ...para "Egotrip", almofadas, te... ...es e um lustre de teto para "Úl... ...ficha", o carrinho subindo ao ...o em "Meu amor, que mau hu... ...'' — o show reproduziu, de for... ...compacta, o mesmo "Radioati... ...de", grande sucesso no Cane... ...ano passado. Com a mesma ale... ...a mesma saúde e a sábia inclu...

...são de apenas duas músicas novas, menos conhecida do público, "Sandi-nista" e "Egotrip", a Blitz manteve seu pique.

O público, mesmo debaixo de chu-va insistente, entrou no clima de fes-ta, cantando e dançando sem parar. E, já que estava querendo jogar bo-la, Evandro providenciou uma gi-gantesca jogada em cima da platéia, e rolando alegremente até o final o espetáculo. Outra boa idéia da Blitz:

o reforço do acompanhamento ins-trumental, com a esperta percussão de Repolho e um naipe de metais.

No fim, todo mundo queria mais um, mas o tempo é contado com ri-gor na Cidade do Rock: a Blitz se despediu triunfantemente, prome-tendo mais festa no próximo domin-go.

ANA MARIA BAHIANA

Para a Blitz, o grande palco do Rock in Rio se...

Se depender da Blit...

No início eram pura ousadia. De-pois viraram os grandes astros do rock brasileiro. E é com toda a con-fiança que a Blitz vai pisar no palco do Rock in Rio nos dias 13 e 20, num show de 50 minutos, cantando desde seu hino "Você não soube me amar" até "Sandinista" e "Egotrip", suas músicas novas. Se depender de Fer-nanda, todo o mundo vai dançar:

— A Blitz vai chocar todo o mun-do: brasileiros, estrangeiros, o Me-dina e até o pessoal do Bob's. Isso já aconteceu no ensaio.

Para o show, muitas surpresas que definem como "material de ce-na" e das quais Evandro acha "des-gastante" falar. O conjunto queria um tratorzinho: queriam também subir içados por cabos de aço, mas nada disso foi possível.

ideal para os seus recursos teatrais

todos vão dançar

AS MAIS QUENTES DO ROCK IN RIO

enários e figurinos especiais e mais úsicos de reforço: Serginho Trom-one, o saxofonista Leo Gandelman o percusionista Repolho, que toca om Gil. Quanto ao tamanho do pal-o, que assustou alguns artistas, é o deal, segundo Evandro:

— Há muito tempo pensamos em cupar um grande palco. O tamanho stá na conta para usar nossos re-ursos teatrais, só tenho medo de ma coisa: "Como são os gringos ue operam o som, tenho medo de ue eles diminuam durante a apre-entação dos nacionais e dêem mais gás" nos estrangeiros".

Enquanto Márcia acha o festival ma honra, Evandro destaca a di-ersidade de estilos apresentados. odos concordam que o Rock in Rio erá uma espécie de "batismo" in-

em 'O tempo não vai passar' e não houve jeito de nenhum dos americanos eficientíssimos se apresentar para uma troca rápida". De resto, "a Blitz deu um banho de profissionalismo dentro de sua característica de misturar música e teatro", concluiu o crítico.

O estresse com o som do primeiro show foi tamanho que, na semana que separava o dia 13 do dia 20, data da segunda apresentação da banda no Rock in Rio, a Blitz ameaçou não tocar caso o problema não fosse resolvido. Chegaram a dizer: "Esquece a Blitz, corta". Só depois de reuniões e mais reuniões na sede da EMI em Botafogo o problema foi contornado e os gringos responsáveis pelo equipamento do festival garantiram que o problema seria solucionado.

Nos bastidores do festival, enquanto Juba se aproveitava da área comum do *backstage* onde ficava um abastado bufê para trocar idéias com as estrelas do *cast* internacional, como Brian May, guitarrista do Queen, Billy fuçava a tecladeira do grupo Yes. "Fiquei louco, parecia que eu estava numa loja! Eram uns 15 teclados ligados num computador que ficava escondido, eu nunca tinha visto aquilo antes. Colei no técnico da banda e enchi o cara de perguntas, que explicou tudo. Assim que acabou o Rock in Rio comprei um monte de coisa, uns teclados que vinham do Japão e demoravam dois meses pra chegar aqui", completa. Juba resumiu bem o trepidante *backstage* do festival: "Pareciam os bastidores do Chacrinha em grande escala". O baterista lembra de uma história em especial. Cerca de uma hora antes do escocês Rod Stewart pisar no palco, começou uma correria danada na área dos camarins: o cantor fez com que a equipe técnica da banda fosse buscar os amplificadores para que ele pudesse esquentar a voz antes do show. "Mesmo com as portas fechadas, ouvi ele cantando 'Hot legs', foi sensacional", lembra um saudoso Juba.

No domingo seguinte, dia 20, a Blitz foi a quarta atração da noite, depois de Erasmo, Barão e Gilberto Gil, e mais uma vez antes de Nina, do new wave B-52's e do progressivo grupo Yes. Com a platéia ganha de antemão, Evandro & Cia. fizeram um "puta show", como definiu o colega Ricardo Alexandre no livro Dias de luta. Para a felicidade geral da nação blitzniana, o som da última noite do evento saiu quase como num show de Tim Maia. "O segundo show foi do caralho", reconhece Evandro. A crítica de Ana Maria Bahiana, n'*O Globo* de 21 de

Evandro batendo um bolão na Cidade do Rock

O melhor ângulo de Fernandinha (Blitz)

as. A outra no-
termitente du-
, mas que caiu
presentação de
rência, talvez,
tarde típica do
, aliás, parece
el pelo público
a Blitz, havia
as. As bilhete-
, funcionaram
final da noite a
subiu para 90

ionais, o grupo
o foi a grande
raso proposital
ue a platéia se
m cenário inti-
captar a sim-
platéia, que vi-
dedicaram a
pos de rock au-
je a Rigor, os
dos paulistas.

Minutos antes de a Blitz entrar no palco começou a chover. A banda enfrentou problemas de som, mas a platéia dançou e pulou

janeiro de 85, uma segunda-feira, ratificava as palavras do vocalista: **"A BLITZ CHEIA DE GÁS, A GALERA MUITO ALEGRE"**.

A reportagem começava assim:

Desta vez, tudo funcionou. O som não pifou, o público estava quente, a Blitz cheia de gás. A combinação perfeita para uma despedida do Rock in Rio comme il fault: alegre, bem-humorada, até com jeito de festa pré-carnavalesca.

A jornalista seguia dizendo que o show tinha sido "comunicativo, sem brechas e simplificado", apenas com os objetos de cena mais funcionais no palco. No fim, Evandro prometeu que "aquele rapaz ali de amarelo, o Roberto Medina, ia, pessoalmente, servir chope e batata frita a cada um" da platéia. As 200 e tantas mil pessoas presentes riram e levantaram os braços saudando o cantor. "Típico humor Rock in Rio, fechando a caráter o setor nacional do festival", concluiu Ana Maria. Antes mesmo da segunda apresentação, no dia 20, a imprensa destacava o "sucesso do rock coloquial" da Blitz e dizia que o Rock in Rio já deixava saudade, mas que voltaria em 86, o que só acabou acontecendo em 1991 no Maracanã.

O estranho é que nenhuma música do LP *Blitz 3*, lançado meses antes do festival, em fins de 1984, conseguiu levantar as 200 mil pessoas que se acotovelavam na Cidade do Rock. Nem "Egotrip" nem "Eugênio". Tinha algo de podre no reino do pop. "A banda estava um caos, a gente nem se falava mais direito", disse Evandro. "A galera não se curtia mais, o clima tava estranho. Rolava muita grana, desgaste, ciúme", completa. "Mas, mesmo sabendo que a banda estava meio fudida internamente, eu tava realizado. Tinha uma esperança de virar o jogo, achava que a camaradagem poderia voltar. O que não aconteceu", lamenta o vocalista. Mesmo assim, Evandro fez um balanço positivo das apresentações no festival: "Foi o maior show para a Blitz e o fim de um ciclo pro grupo, uma espécie de fechamento com chave de ouro. Acho que representou a pedra fundamental para o show bizz no Brasil e para a cultura contemporânea nacional".

Com a Cidade do Rock desmontada, era hora de voltar à rotina normal de shows. Acontece que a palavra "normal" nunca se aplicou às apresentações da Blitz. No meio do ano, mais precisamente no dia 13 de junho de 85, a banda estreava uma superproduzida temporada no Canecão. Letras gigantescas formavam um BLITZ que se mexia graças a um esquema de persianas que foram montadas na fachada da casa de shows. Para se ter uma noção da grandiosidade dos equipamentos de som e luz para a época, aí vão os números: 5.000 watts de potência, 38 canais na mesa, 380 refletores e cinco canhões de luz. Sendo um pouquinho exagerado, um mini-Rock in Rio.

Por falar no festival, olhando hoje e conhecendo o clima que rolava nos bastidores do grupo, a antológica cena de um Evandro chutando as imensas bolas de plástico para a platéia pode ser vista como uma sessão de descarrego. O frontman da Blitz queria mesmo era chutar o balde. Os shows no Rock in Rio podem ter sido o primeiro dos muitos fins por que a banda passaria. Billy diz: "No Rock in Rio havia muita gente estressada, principalmente eu, já estava de saco cheio".

Em junho de 85, "meio sumidos desde o Rock in Rio", como disse *O Globo*, Evandro & Cia. estavam de volta "em grande estilo" ao Canecão para mais uma temporada de três semanas, agora para o show do disco *Blitz 3*. Novidade: como a banda queria "ver todo mundo dançando", mandou retirar as mesas da parte central da casa de shows e abriu uma grande pista de dança para que todos pudessem pular e extrapolar à vontade. Segundo Jamari França no JB, a Blitz reinventava "sons e imagens no Canecão". Em uma hora e vinte minutos de show, a Blitz havia tocado vinte músicas: duas do primeiro disco (*Aventuras*), sete do segundo (*Radioatividade*) e 11 do *Blitz 3*. Jamari dava destaque ao instrumental da banda: "Além de Juba, na bateria, aparecem o baixo certeiro de Antônio Pedro, a guitarra de Ricardo Barreto" que gritava, gemia, gemia e sussurrava, a percussão de Marçal que dava "um colorido extra ao som" e ainda William (Billy) nos teclados, que era "um absurdo".

O ano de 1985 transcorria com viagens da banda por todo o país, o que acabou afastando o grupo do público carioca. E, por falar em viagem, a rapaziada preparava-se para a primeira série de shows fora do país: o grupo estava escalado para representar o Brasil num festival em Moscou, na antiga União Soviética, e também passaria duas vezes pela Argentina.

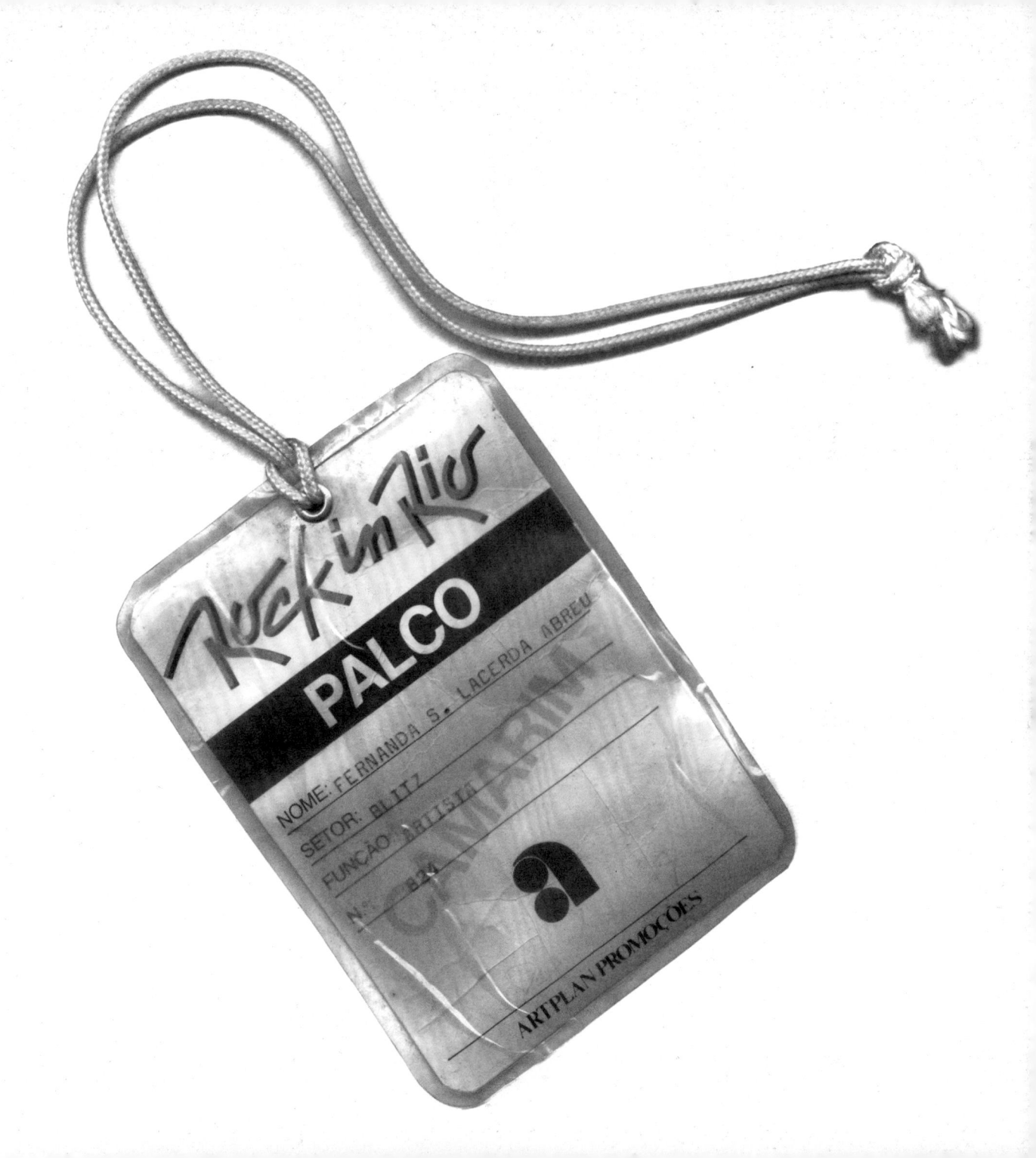

CAPÍTULO 7

VIAJAN-DONA, HEIN? (OS SHOWS EM MOSCOU E BUE-NOS AIRES)

Com o final da Segunda Guerra Mundial, os países da Europa Oriental ficaram debaixo da asa da hoje extinta URSS (União das Repúblicas Socialistas Soviéticas). Tirando Iugoslávia e Albânia, todos os outros seguiam rigorosamente as diretrizes do Partido Comunista da União Soviética, comandada pela Rússia. Com a Perestroika (reforma econômica promovida pelo presidente Mikhail Gorbachev em 1985) e a Glasnost (política de transparência implantada com a Perestroika), enormes mudanças aconteceriam em fins de 1989,

Os camaradas Evandro, Juba, Pedro e Billy; ao fundo, a Universidade de Moscou

O evento divisor de águas seria a queda do Muro de Berlim em novembro do mesmo ano. A derrubada da parede de tijolos que separava as Alemanhas em Ocidental e Oriental foi simbólica e anunciava o enfraquecimento da filosofia socialista e a redefinição do poder no mundo. Contudo, quatro anos antes dessa abertura, uma excursão brasileira sacudiria os camaradas. Deu n'*O Globo* em 25 de junho de 1985:

BLITZ LIDERA OS BRASILEIROS COM UM ROCK PELA PAZ

Rock pela Paz. Este é o nome do show de música jovem – com a participação de astros do mundo inteiro, inclusive o conjunto brasileiro Blitz – a ser realizado no final de julho, como parte do Festival Mundial da Juventude, que inclui-rá também debates, palestras e atividades esportivas, sem-pre baseados no tema da paz mundial. O festival reunirá na capital soviética cerce de 50 mil delegados de 140 países. Discutirá também a proteção do meio ambiente e o desar-mamento nuclear.

O evento aconteceu entre 27 de julho e 3 de agosto em Moscou. No vôo da Aeroflot, que saiu de Buenos Aires, es-tavam, além da Blitz, artistas de todas as categorias: Fag-ner, Deborah Bloch, Joyce, Geraldo Azevedo, Martinho da Vila e Gonzaguinha, só para citar alguns. Tinha até político, como Aécio Neves e José Sarney Filho. Na ala esportiva, Hortência representando o bas-quete e Isabel, o vôlei. Lá ainda estava o cineasta Sílvio Tendler. Além dos brasileiros, mili-tantes de toda a América do Sul também voavam para o encontro. "A gente tava tocando a maior zona no avião e a comissária, falando em russo, implorava pra que a gente sentasse", relembra Fernanda Abreu. "Mas eram umas 26 horas de vôo e tava todo mundo agitadaço, impossível sentar, foi hilário", diverte-se a cantora. Não raramente, alguém se levantava e ensaiava um discurso comunista ao qual, a maioria dos passageiros, aplaudia. Evandro, meio de saco cheio, pensava: "Vai ser foda de aturar...". Reza a lenda que até um baseado rolou em pleno ar e passou como chimarrão. Para a tripulação, apenas um costume exótico dos brasileiros.

Na chegada ao Aeroporto Internacional de Sheremetyevo, policiais que entrevistavam a delegação perguntavam à Blitz por que a música que o grupo fazia era importante para a juventude. Mais à frente, um representante do evento esperava a delegação. Evandro Mesquita, esbanjando simpatia e carisma como sempre, tratou de inserir o tradutor nas brincadeiras da rapaziada. Geno, que falava um português com sotaque lusitano, logo estava seduzido pelo vocalista da Blitz. Chegando ao hotel, surpresa: os quartos pareciam ter saído de alguma locação de filmes nos anos 50, com móveis antigos e decoração naturalmente retrô. A pouquíssima variedade de produtos disponíveis nos mercados também causou um certo espanto na galera. "Era o que era: dois tipos de pães, um tipo de refrigerante, não tinha opção", conta Fernanda. No café da manhã, língua de boi pra todo mundo.

Em cada andar do hotel ficava uma *concierge*, profissional responsável por assistir aos hóspedes em qualquer pedido, dos mais extravagantes aos mais simples, como chamar um táxi. A rapaziada, claro, não perdoava a pobre russa. Na fila do elevador, ela deve ter ouvido toda a sorte de palavrões brasileiros. Evandro, Billy & Cia. não passavam sem desejar um "Bom dia, gostosa. Como vai sua boceta hoje?", para espanto geral da miniplatéia brasileira por perto.

Para o festival, um evento já tradicional na cidade, o governo russo costumava fazer uma "limpa" nas ruas, recolhendo mendigos e prostitutas. Fora a lei seca, que imperava na época. Já sabendo dos limites, a delegação brasileira tratou de levar uma caixa cheia de cachaça das marcas Três Fazendas e Pitu para tentar trocar pela legítima vodca russa. Até um enorme saco de limão foi levado, mas ficou uns dias preso na alfândega. Quando finalmente apareceu no hall do hotel, as frutas, já meio apodrecidas, foram estocadas num quarto junto

A Blitz faz sucesso em Moscou

MARCELO BERABA

Enviado especial a Moscou

Os moscovitas, quem diria, gostavam da Blitz e pediram bis. O conjunto de rock do Rio deu ontem ao meio-dia (hora de Moscou) um show de hora e meia no estádio de esportes do Dínamo e, apesar da dificuldade da língua, agradou (Pepe Escobar que me desculpe) aos quatro mil soviéticos, a maioria absoluta de estudantes, que os assistiram. Os espetáculos de rock transformaram o estádio do Dínamo no principal palco do "Rock pela Paz", uma série de apresentações de grupos de todo o mundo, a maior parte de países socialistas. Logo depois da Blitz entrou o grupo alemão Pudiz e à noite se apresentaram outros três conjuntos: um austríaco, um húngaro e os soviéticos Zimilhani (Os Terrestres).

Havia uma expectativa muito grande pouco antes da apresentação da Blitz, porque ninguém podia prever a reação dos soviéticos. O espetáculo começou nervoso e só deslanchou quando o conjunto apresentou, com roupas de hospital, "Amígdalas". Até então a platéia assistia fria, sem compreender direito o que se passava no palco, apesar da boa vontade do apresentador que anunciou "o grupo mais amado da América Latina". Foi difícil para o pobre soviético explicar as características da Blitz: "A estrutura musical é baseada em diversas modelos, há um pouco de música tradicional e

Sete feridos em concerto de rock

Das Agências Internacionais

Pelo menos sete pessoas ficaram feridas, durante o concerto de rock realizado ontem à noite no Parque Gorki, em Moscou, pelo grupo iugoslavo Bayada. Mais de cinquenta mil pessoas estavam presentes e a polícia precisou cortar o fornecimento de eletricidade para evitar que os problemas se agravassem. O excessivo número de espectadores foi considerado pelos organizadores como a principal causa dos distúrbios.

vários momentos de sátira". Era dispensável.

Simpáticos e contidos

Apesar da imagem de "contida", a platéia — onde estavam poucos brasileiros — começou a acompanhar com o corpo "Vítima de Amor" e, mais entusiasmada, "Egotrip" e "A Dois Passos do Paraíso". Estas músicas encerraram a apresentação e foram repetidas sob aplausos, assobios e pedidos de bis. Não dá para dizer que não agradou.

Vale registrar a reação dos jovens soviéticos. Impossível guardar seus sobrenomes. São todos de Moscou e estudantes. Iuri tem 19 anos e achou a Blitz "bastante original", principalmente pelos trajes e pela apresentação de cena. Alexandre, 18, disse que esperava "este tipo de rock contemporâneo" e não poupou elogios: "É preciso dizer que o conjunto tem um nível internacional muito bom." Sacha, 20, diz que gosta muito de rock, curte o "Purple", e destacou a guitarra de Ricardo Barreto.

Para os roqueiros da Blitz a experiência variou de "emocionante" a "inacreditável". Evandro sentiu que o grupo conseguiu passar muita energia para a platéia, "uma energia guerrilheira, de rua". Juba (Roberto Gurgel), o baterista, está certo de que a Blitz iniciou sua carreira internacional: "No Rock in Rio o pessoal do B-52 e a Nina Hagen nos disseram que tínhamos tudo para agradar fora do Brasil e a gente achava que estavam apenas sendo simpáticos". As outras reações foram semelhantes: "Muito louco" (William); "bis em Moscou foi demais" (Fernandinha); "de repente pintou uma platéia de Rock in Rio, linda" (Marcinha).

As únicas resistências, sempre contidas, vieram das intérpretes que acompanham a delegação e que falam o português de Portugal. Oksana, idade não revelada, vida não revelada, revelou-se um pouco depois do show: "Não sou especialista em músicas, mas prefiro o Conservatório (Conservatório de Música Clássica de Moscou)". Vocês venceram. Tudo muito bem, tudo muito bom.

MARCELO BERABA viaja a Moscou a convite da organização do Festival

com os instrumentos. Chegou ao ponto de ninguém mais querer abrir a porta do aposento soviético, tal era o fedor azedo que saía de lá. Sem matéria-prima para fazer caipirinha, a rapaziada começou a querer experimentar a vodca. O problema era achar a bebida em tempos de lei seca. "Entramos num carro, rodamos pra caralho, entramos numas ruas de terra, umas bocas quentes. Saímos escondidos com duas garrafas embrulhadas num papel pardo, parecia até tráfico", fala Billy, como sempre às gargalhadas. Quem também mergulhou na cachaça e virou um verdadeiro pudim de cana foi o tradutor. "A nossa comunicação ficou até mais fácil do que com ele sóbrio", lembra Evandro.

O primeiro show da Blitz rolou no dia 29 de julho, dentro do evento Rock pela Paz, no Ginásio do Dínamo, ao meio-dia. Como boa parte da graça das músicas da banda estava nas letras, Geno, o tradutor russo, explicava antes ao público do que se tratava cada canção, como uma verdadeira tecla SAP ambulante. Em legítimo russo, um casal de vestido longo e smoking anunciou a Blitz como "a banda mais amada da América Latina" e tentou resumir o estilo do grupo para as 4 mil pessoas que lotavam o ginásio:

A estrutura musical é baseada em diversos modelos, há um pouco de música tradicional e vários momentos de sátira.

Depois da primeira música, todo mundo comportadinho. A Blitz, vinda de um baita sucesso no Brasil, ficou grilada. Mas, aos poucos, seduzida pela teatral apresentação blitzniana com direito a seringas cenográficas gigantes em "Amídalas", a gélida audiência russa foi esquentando. Hits como "Betty Frígida" e "Weekend" acabaram funcionado bem. A delegação brasileira que assistia ao show levantava e dançava, o que acabou provocando uma reação imediata dos guardas locais, que não permitiam esse tipo de manifestação.

Evandro, em mais uma tentativa de conquistar os impávidos russos, plantou uma bananeira no final de "Amídalas" e, quando caía, a banda finalizava. "De repente, numa cagada, encaixei uma bananeira perfeita e fiquei lá, enquanto o Juba rufava na bateria. Quando eu caí, a galera veio abaixo", recorda Evandro. Depois de "A dois passos do paraíso" – com direto a "volta, Arlindo Orlando, seu filho da puta" – e "Egotrip", o ginásio rendeu-se ao carisma da Blitz. Os camaradas, em uníssono, gritavam "Malakse!", algo do tipo "Bravo!", termo usado para saudar grandes artistas e esportistas. No dia seguinte, para espanto geral, a versão russa de "Dois passos" gravada ao vivo no ginásio do Dínamo estava tocando na Rádio Central de Moscou, sintonizada dentro do ônibus que levava a delegação de um lado para o outro. "Martinho da Vila e Fagner riram pra caralho quando ouviram o trecho do filho da puta", diverte-se Evandro.

Segundo *O Globo* de 30 de julho de 1985, a Blitz "fez sucesso em Moscou". A reportagem de Marcelo Beraba dizia mais ou menos assim:

Após um começo nervoso, o show do conjunto brasileiro ontem no Festival da Juventude entusiasmou os espectadores soviéticos, que ao final chegaram a pedir bis.

No *Jornal do Brasil* do mesmo dia, a enviada especial Heloísa Seixas escreveu o seguinte:

Blitz incendeia a Praça Vermelha e esquenta o quase gelado verão soviético. Parece até manchete do 'Planeta Diário', mas foi mais ou menos o que aconteceu.

Depois de Evandro & Cia., os moscovitas assistiram a mais quatro grupos: o alemão Pudiz, uma banda austríaca, uma húngara e a soviética Zimilhani (ou Os Terrestres em português). O público achou a Blitz bastante original e disse que a banda carioca tinha um nível internacional.

Evandro, suado e emocionado, disse ao *JB*:

Aos poucos eu fui sentindo aquela vibração, aquela energia, fui sentindo que a coisa estava esquentando e o final foi a maior surpresa, um nó na garganta.

No final do show a embaixada brasileira, que compareceu em peso, invadiu os camarins do ginásio com o restante da delegação e encheu a Blitz de beijos e abraços. Missão cumprida, os russos se esbaldaram.

A segunda apresentação em terras soviéticas foi na rua mesmo, num afastado subúrbio moscovita ao meio-dia. No entanto o quadro não era lá muito animador: o som resumia-se

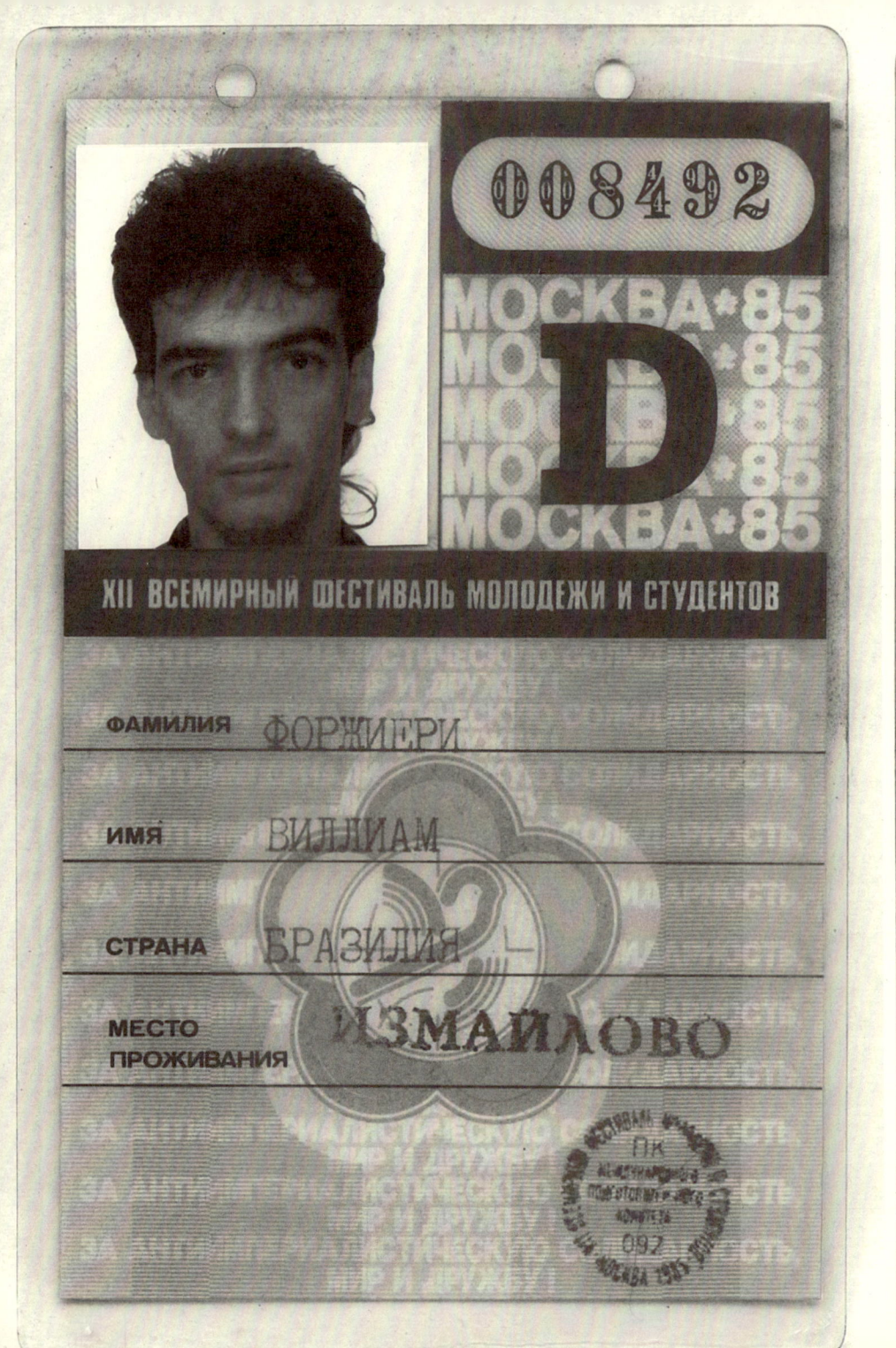

008492

МОСКВА ∗85
D
МОСКВА ∗85

XII ВСЕМИРНЫЙ ФЕСТИВАЛЬ МОЛОДЕЖИ И СТУДЕНТОВ

ФАМИЛИЯ	ФОРЖИЕРИ
ИМЯ	ВИЛЛИАМ
СТРАНА	БРАЗИЛИЯ
МЕСТО ПРОЖИВАНИЯ	ИЗМАЙЛОВО

XII·МОС

КВА·1985

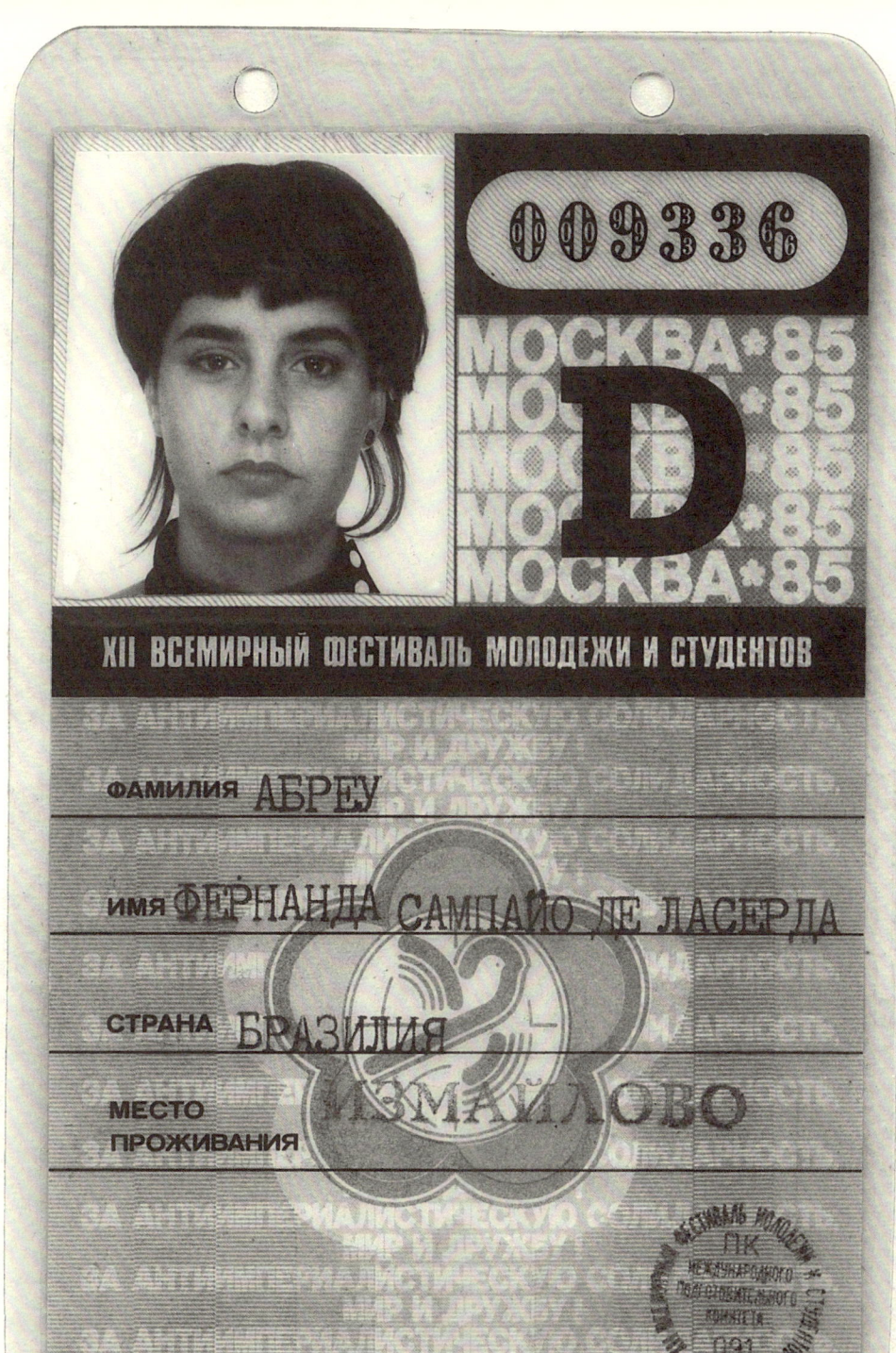

009336

МОСКВА•85
МОСКВА•85
D
МОСКВА•85
МОСКВА•85
МОСКВА•85

XII ВСЕМИРНЫЙ ФЕСТИВАЛЬ МОЛОДЕЖИ И СТУДЕНТОВ

ФАМИЛИЯ **АБРЕУ**

ИМЯ **ФЕРНАНДА САМПАЙО ДЕ ЛАСЕРДА**

СТРАНА **БРАЗИЛИЯ**

МЕСТО ПРОЖИВАНИЯ **ИЗМАЙЛОВО**

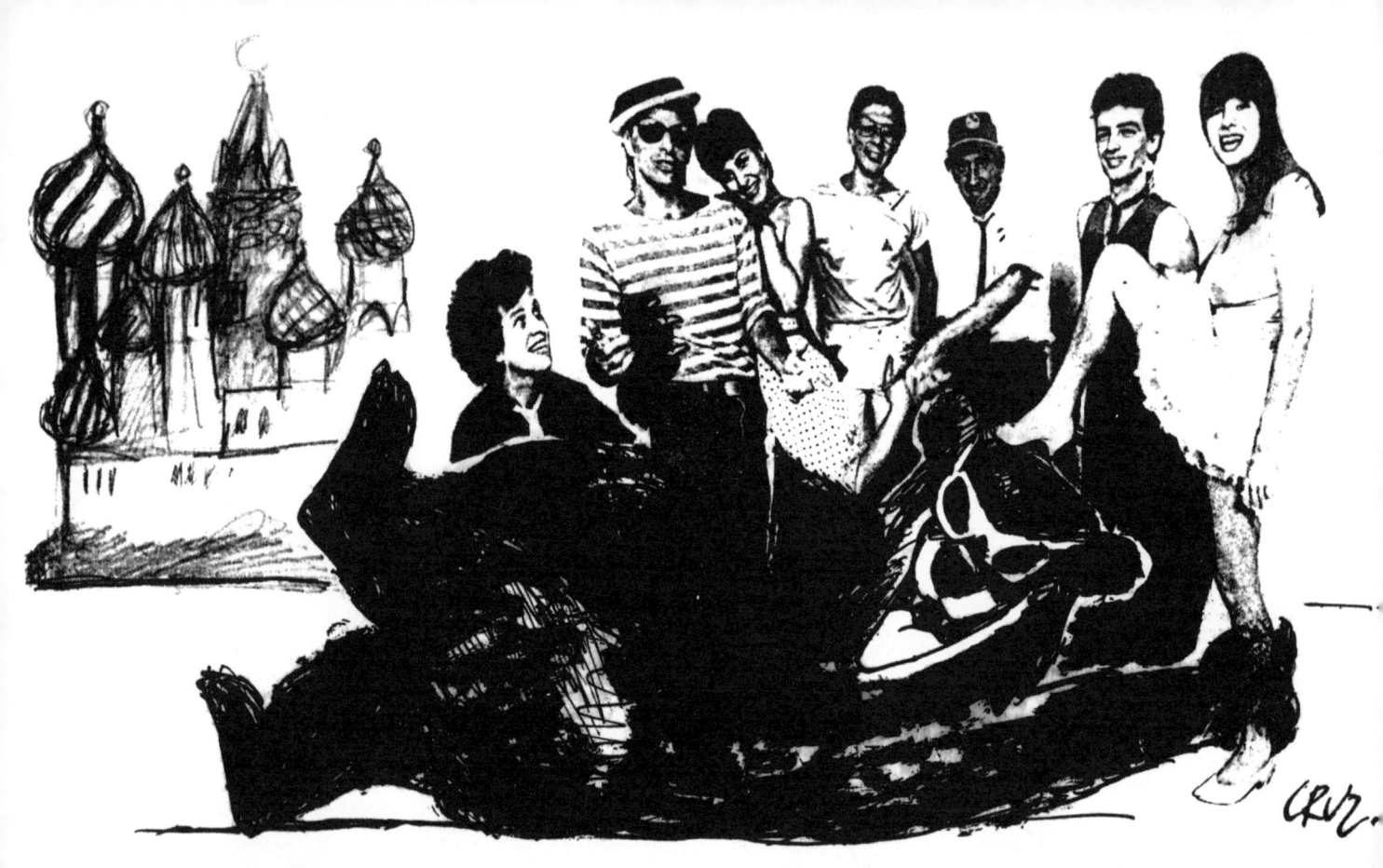

A paz armada para a guerra

A Blitz falou um pouco sobre o que está achando da União Soviética. Márcia, a mais falante do grupo, disse que ouviu de um russo uma frase que segundo ela resume a filosofia do festival e do próprio país: 'Para se viver em paz é preciso estar preparado para a guerra'. Isso explica na opinião dela por que um país que faz um festival em nome da paz passa, ao mesmo tempo, uma idéia de nação tão armada, militarizada.

— Eu estou achando tudo isso uma experiência incrível. Moscou é uma cidade lindíssima mas tudo aqui nos dá a sensação de uma apoteose à guerra, e a frase desse russo deixa isso bem claro. Eu não entendo mas respeito essa filosofia deles, porque

Afinal nunca vivemos tão de perto uma guerra como eles viveram.

Fernanda também comentou a beleza incrível da cidade, dizendo que os jovens são super alegres e descontraídos, ao contrário dos russos que trabalham no hotel. Ela também disse ter percebido em tudo o que cerca o festival é uma demonstração de poder, como se os soviéticos quisessem frisar bem que são capazes de fazer coisas com imponência e perfeição.

Evandro concordou:

— Da mesma forma como eles organizam uma festa tão perfeita e incrível, como a abertura desse festival, são capazes de invadir um

A participação da juventud

Em discurso proferido ontem na Escola Superior do Komsomol — órgão da juventude do Partido Comunista Soviético — Aécio Neves Cunha, que se encontra em Moscou chefiando a delegação brasileira junto ao XII Festival Mundial da Juventude e dos Estudantes, destacou a importância da participação dos jovens na história política de seus países, citando como exemplo a força que eles tiveram na grande campanha popular que culminou com a eleição de Tancredo Neves para a Presidência da República.

Aécio Neves lembrou que os jovens sempre estiveram muito presentes e atuantes na história brasileira e citou Lenin para dizer que a juventude "deve saber se apropriar

humanidade, mesmo sabendo q estes conhecimentos lhes fora transmitidos pela velha escola". cio Neves acrescentou que hoje jovens brasileiros são herdeiros " uma deplorável dívida social" e conseqüência dos desmandos do gime anterior, e assinalou:

— Milhões de jovens como eu na ceram e cresceram na ditadura litar. Por 21 anos fomos oprimido incompreendidos. Muitos jove morreram e muitos foram obrigad a buscar o exílio. Mas esses mesm jovens comandaram a maior e ma emocionante manifestação popul de nossa história contemporâne que possibilitou a ascensão ao pod do homem que tinha por destino co ciliar a Nação com seu povo

a duas minúsculas caixas e, na platéia, basicamente senhoras e crianças. "Quando eu vi o palquinho e o humilde equipamento, perguntei: Ué, cadê o P.A. [de Public Address, aquelas caixas de som enormes e profissionais que ficam nas laterais do palco]?", lembra Fernanda. Quando uma turma de marinheiros começou e se empolgar e dançar, a segurança não curtiu muito e foi acalmar a trupe. Mas aí quem não curtiu foi Evandro, que chamou Geno e pediu que transmitisse o seguinte recado: "Diz pra eles que o nosso som é feito pra dançar mesmo, ainda mais na rua!". A polícia, mesmo não entendendo direito, relaxou e permitiu a dança dos brutamontes. Aos poucos, a criançada foi se aproximando e deixando lembranças na beira do palco: desenhos, flores, bótons.

Ainda rolou um terceiro show num teatro com o resto da delegação brasileira. Porém a coisa foi morna, formal demais para a energia que pautava as apresentações do septeto carioca. No embarque de volta, o tradutor, Geno, estava inconsolável. Totalmente enturmado com a galera, já chorava na despedida. Evandro chegou a propor que o russo-portuga embarcasse escondido, misturado à delegação brazuca. Evandro brincou: "Vem com a gente, os espiões russos nem vão perceber, eu boto você na mala", argumentava o malandro carioca deixando o intérprete russo com água na boca e os olhos marejados. "A gente deu uma bagunçada na vida do cara", resume o cantor. Uma nova música que nunca foi gravada chegou a ser esboçada por Evandro em terras soviéticas. A letra dizia mais ou menos assim:

Rock and Roll em Moscou, eu quero ouvir o seu berro/ Rock and Roll em Moscou, abre a cortina de ferro/ Lúcia, Lúcia, eu trouxe pra você, da Rússia, um urso de pelúcia/ Salada russa, frango à Kiev, Reagan ao rum com Gorbachev/ Lenin é tudo, tudo é Lenin/ Mas pra mim, morangos com Kremlin

Na volta da turnê soviética, a Blitz se dividiu: Fernanda e Evandro, acompanhados de Fagner, que passou o vôo todo falando de futebol, desembarcaram em Paris para encontrar os respectivos namorado e namorada. Luiz Stein e Patrycia Travassos esperavam a dupla blitzniana num charmoso café parisiense. Romântico, né? "As férias foram merecidas, porque artista também é gente", disse Fernanda ao jornal *Folha da Tarde*. Billy e Juba também desceram na capital francesa. Juba ficou por lá uma semana, acompanhando Fagner em visitas às rádios da Cidade Luz. Mas, pelo menos dessa vez, o baterista voltou sem ter comprado sequer um par de baquetas novas.

Já Billy, que sempre foi o mais ligado em equipamentos, aproveitou que já estava mesmo "longe de casa há mais de uma semana" para esticar a viagem e fazer um pit stop no Japão, onde tratou de visitar o showroom da Yamaha. O tecladista viajava para a Europa quase todo ano atrás de novidades tecnológicas que poderiam incrementar o show da Blitz. "Eu tava doido pra ir pro Japão, já sabia o que eu queria, era tudo lançamento da Yamaha", conta Billy. Em dez dias zanzando por terras japonesas, o tecladista da Blitz torrou cerca de 25 mil dólares em dois teclados, uma bateria eletrônica e um rack de efeitos ultramoderno para a época. "Me acharam um louco e devem ter pensado: Quem é esse cara que vem aqui e compra coisa pra caralho?". Só quando o músico brasileiro sacou da mala uma fita VHS com imagens da Blitz no Rock in Rio com Evandro chutando a gigantesca bola para o público, a ficha da japonesada caiu. Acharam até que Billy estava tentando vender shows da Blitz no Japão. Entretanto, mesmo que fosse o caso, nada feito: a EMI japonesa só contratava artistas para apresentações na Terra do Sol Nascente com autorização do escritório de Londres. Em tempo: depois das credenciais apresentadas, o tecladista só deixou a megaloja da Yamaha depois de ter assinado no "muro da fama", ao lado de Roberta Flack e John McLaughlin: Billy, da Blitz.

Evandro também aproveitou a esticada para passar por Londres e Amsterdã e se equipar com "brinquedos novos" – pedais de efeitos, guitarras – "e um teclado com computador igualzinho aos painéis da Nasa", brincava. Fernanda também aproveitou para fazer umas comprinhas: "A Barbie que eu trouxe de Paris é mais legal do que a Suzy que eu brincava aqui", disse com ironia à sucursal carioca da *Folha de S.Paulo*. De volta ao Brasil, um Evandro meio socialista disse ao JB que a viagem a Moscou tinha acontecido "num momento crucial" e que o "lance do governo para e pelo povo" tinha mexido com a cabeça dele. "Mas nada como voltar à velha bagunça, lá não tinha botequim", emendou Evandro mais de 20 anos depois.

Dos grupos brasileños que

Carlos Serrat

BLITZ

Moscou grita

HELOISA SEIXAS
Enviada Especial

MOSCOU — Blitz incendeia a Praça Vermelha e esquenta o frio aos poucos se soltando, muita gente batendo palm

A medida em que o públic se animando a Blitz sentia

A pesar de la vigencia que aún tienen los músicos "tradicionales" del Brasil, es innegable que existe en ese país una nueva corriente —además de ritmos folklóricos— de melodías y bases inspiradas en el rock y el pop internacionales Ese nuevo perfil de la música brasileña tiene en Blitz a uno de sus principales precursores. **Evandro Mesquita** (voz), **Ricardo Barreto** (guitarra), **Marcia Moraes** (voz), **Fernanda Abreu** (voz), **William "Billy" Forghieri** (teclados), **Antonio Pedro Fortuna** (bajo) y **Roberto Gurgel "Juba"** (batería) son los siete integrantes de este grupo que también vino a la Argentina a mostrar lo que ya muchos conocían.

—**¿Dentro de qué corriente musical se definen los Blitz?**

Evandro: Somos un grupo de música pop, aunque dentro de lo que hacemos también hay rock, reggae, samba

Fernanda: Lo que pasa es que toda la juventud brasileña siempre escuchó mucha música del Brasil, pero también siempre importó mucha cultura de afuera, desde el heavy metal hasta el reggae. Nosotros siempre mamamos mucho de eso; entonces, a la hora de producir nuestra música, ya teníamos incorporadas todas esas influencias.

—**¿Y qué relación tiene lo que ustedes llaman "nuestra música" con toda la corriente musical anterior a la actual, tipo Caetano, Gil...?**

Evandro: Bueno, como nosotros fuimos los primeros en renovar la música, fuimos muy bien recibidos por los "viejos". Desde **Dorival Caymmi** hasta **Gil**, pasando por **Roberto Carlos**, que es un roquero antiguo y más careta.

—**¿Esa generación de músicos influyó en ustedes como personas y como creadores?**

Fernanda: Claro, nosotros escuchamos mucho a Caetano; él le cambió la cabeza a mucha gente. Gilberto Gil también influyó mucho en nosotros. Son personas muy importantes, siempre escuchadas: ellos hacen cultura en Brasil.

Evandro: En cuanto a lo musical, tenemos cosas en común con Caetano, con **Rita Lee**... El lenguaje de Caetano, por ejemplo, el hecho de que hable en las canciones de cosas cotidianas, de qué tenga una poesía de la calle, para nada sofisticada, para nada distan...

de hacer conocer el material de la banda en el otr país.

—**Entonces, la idea de una "música latinoamericana", por ahora, sería una especie de utopía...**

Marcia: Yo creo que el verdadero intercambio se v a producir cuando nuestros presidentes rompan con F.M.I.; en ese momento recién podrá haber una especie de unión. Mientras tanto, nadie escucha hablar e la Argentina de lo que realmente pasa en Brasil. S mira más lo que pasa afuera, estamos más pendiente de lo de afuera que de lo que sucede en Améric latina. Especialmente en lo cultural, que finalment termina dependiendo de una cuestión política.

Evandro: Las grabadoras que hay en Brasil y en Argentina, sin ir más lejos, no son ni brasileñas argentinas. De todas formas, pienso que los dos pa ses son tran grandes y tienen tantos tipos de músic que dudo de que se llegue a tener una "canció latinoamericana", algo realmente en común.

Juba: Sin embargo, yo noto también que el tipo d música pop brasileña y la argentina tienen algo e común, son parecidas. Quiere decir que el pop brasile ño y el de aquí se están **internacionalizando**, llegaron un resultado muy parecido. Es ese sentido, existe y un pop latinoamericano, que puede ser tanto argent no como brasileño, es un pop de vecinos...

—**¿Ustedes son un grupo popular?**

Billy: somos un grupo popular en el sentido de qu somos conocidos en todo Brasil. Nuestro público no e una élite, más bien todo lo contrario. Ya hicimos tre giras por todo el país tocando tanto en grandes capita les como en pueblos totalmente desconocidos.

Marcia: No obstante, no se nos identifica con M.P.B. (música popular brasileña).

Juba: Pero nuestro público no es solo de rock; ha gente que nunca escuchó un rock en su vida y nos v a ver. Para ellos somos música brasileña.

—**Entonces, ¿cuál es, finalmente, la música popula brasileña de la actualidad?**

Evandro: La realidad es que la M.P.B. ahora es todo es samba, es bossa nova, es rock. Es, en definitiva algo mucho más interesante.

Marcia: Para mí, la música brasileña es la cantad en portugués

Com a bem-sucedida miniturnê soviética, a Blitz começava a se animar com a possibilidade de fazer mais shows pelo exterior. "Não vamos parar, queremos viajar para o exterior. Rock lá fora dá o maior pé", dizia Fernanda. Chegaram a fazer contatos para shows na França, em Portugal e na Itália. Evandro andava namorando Cuba. "O nosso hotel em Moscou era ao lado do que hospedava a delegação cubana e nós fazíamos altos shows na praça em frente. Deu a maior curiosidade de sacar qual é a de Cuba. Mas, como dizia Caetano, eu quero ir a Cuba e quero voltar", contou Evandro à revista Domingo do *Jornal do Brasil* em outubro de 85. Só que a próxima viagem internacional marcada era mesmo para a Argentina. Em outubro a Blitz se apresentou no festival Rock & Pop, ao lado de INXS, Nina Hagen e do guitarrista inglês John Mayall.

Na volta, em novembro de 85, a Blitz invadiu o asfalto paulistano para uma série de shows no Projeto SP, num circo que ficava na esquina da Rua Augusta com o número 232 da Caio Prado, no centro de São Paulo. Evandro, respondendo às perguntas da *Folha de S.Paulo* sobre a relação com a cidade, disse o seguinte: "Nós temos uma relação meio estranha mesmo com São Paulo. É aqui que somos mais criticados e ao mesmo tempo vendemos mais discos". E seguia tentando explicar usando a política: "São Paulo é assim mesmo, um lugar contraditório, onde pinta, por exemplo, esta coisa do Jânio Quadros e ao mesmo tempo outra coisa completamente diferente, com o Fernando Henrique [Cardoso]". O vocalista concluiu dizendo que a cidade era "repulsivamente fascinante" e que ia do "cafona ao supra-sumo do bom gosto".

O desgaste começava a ficar cada vez mais evidente. "Se por acaso existe um desgaste é uma coisa natural, mas o mais importante é continuar lutando. Devagar e sempre. Já tropeçamos em mil armadilhas, crescemos muito na estrada e não nos deslumbramos com isso", explicou Evandro à *Folha da Tarde*.

A Blitz planejava passar o verão de 85/86 fazendo "brincadeiras de estúdio", um aquecimento para o que teria sido o quarto LP da banda, que ainda não tinha uma linha muito definida e fora adiado para 1986, mesmo constando em contrato que a banda deveria lançar um LP por ano pela EMI. O cantor alertava: "Tudo que é obrigatório é chato e, às vezes, nem dá tempo de pensar um disco legal, de trabalhar bem o que foi lançado". E disse mais: "A Blitz não pode virar profissão, só vale como brincadeira prazerosa". Sobre a relação interna do grupo, soltou pela primeira vez na mídia uma frase que ficaria famosa: "A nossa preocupação é com o beijo na boca, e não com as bodas de prata. Depois da paixão vem o amor, e a gente já consegue cruzar as escovas de dentes numa boa". Não era o que aparentava. Fortes emoções estavam por vir, e não necessariamente boas. "A gente tava abusando das drogas, trabalhando que nem uns loucos, sem férias, e a empresária [Ivone de Virgiliis] não parava de marcar show. Aí ficou todo mundo irritado, chegou uma hora que não deu mais", confessa Billy.

Era quase oficial: as escovas de dentes já não cabiam mais no mesmo copo. A Blitz estava cada vez mais longe do paraíso e a dois passos de ir para o espaço. No entanto antes, ainda no clima "viajandão", Evandro embarcaria solo para uma aventura publicitária na terra do cinema, dividindo o palco e os vocais com uma cantora negra de voz rasgada, Anna Mae Bullock, mais conhecida como Tina Turner.

Billy e Pedro conferindo o que é que a russa tem; fazendo compras em solo russo; no ônibus com o tradutor

CAPÍ-TULO 8

EI, RA-PAZ... O QUE É QUE VOCÊ FAZ?

(CADA UM POR SI)

Antes da banda se escafeder, Evandro viveu dias de astro de Hollywood. O cantor foi escolhido pelo público de 15 a 25 anos, junto com Rita Lee, para representar o Brasil em um comercial da Pepsi. Como o artista mais votado faria par com a garota-propaganda do refrigerante, Tina Turner, acharam que o filme publicitário ficaria mais simpático com o vocalista da Blitz pelo simples fato de ele e a cantora americana "formarem um casal". Com o passaporte carimbado, Evandro convidou Liminha para a aventura hollywoodiana

We got the taste: Tina e Evandro unidos pela Pepsi

"Chamei o Liminha, que era meu amigo, e ficamos ouvindo a fita com o *jingle* da Pepsi pra já chegar em Los Angeles com tudo em cima. Chegando lá, eu disse: Pô, Liminha, fica de mão dada comigo, sou índio aqui", brinca o cantor.

Quando a dupla de brasileiros chegou ao estúdio, lotado de executivos da Pepsi e músicos da banda de Tina, a cantora tinha acabado de botar a voz na música. Evandro, mesmo acostumado a shows para milhares de pessoas em estádios, tremeu. "Caralho, vou ter que botar a voz com todo mundo olhando?", comentou o aterrorizado artista com o companheiro de roubadas, Liminha. Em seguida, Tina saiu do aquário e apareceu na técnica para co-

nhecer o colega de comercial e disse em inglês: "Desculpa, tenho um compromisso, preciso sair correndo". Evandro, aliviado, resmungou baixinho em português: "Vai, por favor, vai logo...". Quando o vocalista da Blitz achou que as coisas começavam a melhorar, surpresa! O tom da música tinha mudado. E lá foi Evandro para o aquário ensaiar com o tecladista da banda de Tina e o fiel escudeiro Liminha. "Pensei: Caralho, vai ser foda...", revela Mesquita. E justifica o temor: "Eu sou mais compositor e intérprete do que cantor. Preciso ouvir muito a música, ensaiar bem, ainda mais pra arriscar uma coisa assim, internacional".

Tom novo ensaiado, era hora de gravar. "Liminha, tu não vai lá pra técnica não. Bota um fone aí e fica aqui comigo", implorava um inseguro Evandro. Na sala de gravação, silêncio total. Executivos da Pepsi e da agência de publicidade responsável pelo jingle esperavam ansiosos. Fita rodando, Evandro fechou os olhos e, inacreditavelmente, mandou de prima e com o cu na mão:

É nossa vez, na vida/ É nossa vez, no amor/ É nossa vez, com Pepsi/ E a gente sempre quer muito mais

Depois de gravar o trecho em português, gastou onda assinando o *jingle* em inglês no dueto com Tina: "We got the taste!".

No final do *take*, abriu os olhos e, pelo vidro que separava o aquário da técnica, viu os executivos da empresa de refrigerante aplaudindo sem parar. Todo bobo, Evandro ainda soltou em inglês um "I could do better" pra gringo nenhum botar defeito. Mais duas tomadas ainda foram gravadas, no entanto a que valeu mesmo foi a primeira. E ainda tirou onda, ganhou o apelido de "Mr. One Take". No dia de gravar a parte filmada, foi só alegria. Mais do que acostumado aos palcos e com as vozes já gravadas, era só dublar o jingle e caprichar na

performance ao lado de Tina no histórico estúdio da Universal, aquele mesmo onde haviam sido filmados clássicos do cinema como *Ben-Hur* e *O vento levou*. O tratamento, claro, era VIP. "A gente tinha até uns sósias, vestidos com a mesma roupa, só pra marcar a nossa luz", conta o cantor. Na platéia, cerca de 500 figurantes dançando e cantando. Sobre a parceira, só elogios: "Foi simpática e educada. Mas não ficamos íntimos, nem botei a mão na coxa dela", confessa o gaiato Evandro de sempre. "Ela pedia pra eu falar em português, dizia que adorava a musicalidade da nossa língua", completa.

Depois de 12 dias no exterior, Evandro estava de volta da aventura em Los Angeles e aterrissou direto na Bahia, onde a Blitz faria um show no fim de semana. "Voltei todo animado, querendo contar pra todo mundo; mas o clima tava pesado, senti a maior carga. Acho que rolou um certo ciúme da parte da banda, isso foi mortal", analisa o cantor.

Em fevereiro de 1986, uma Blitz "já se desintegrando", segundo o jornalista Jamari França na biografia paralâmica *Vamo batê lata*, embarcou para a Argentina junto com os Paralamas do Sucesso, que anos mais tarde viria a ser considerada a "melhor banda brasileira de rock argentino". Evandro confirma a impressão de Jamari: "Lá já tava um clima muito ruim". E

A verdade sobre o fim da Blitz

segue comentando: "Um dia fomos ver a passagem de som dos Paralamas e rolou uma ciumeira danada", relembra Evandro. Os dois grupos foram escalados para representar o Brasil nos quatro ou cinco dias do Château Rock, festival que acontecia num estádio em Córdoba, província do pampa argentino. Além dos grupos tupiniquins, o trio local Soda Stereo também fazia parte do evento. Depois, Blitz e Paralamas ainda se apresentaram para uns poucos curiosos na danceteria Paradis, em Buenos Aires. Foi lá que a Blitz, com Evandro Mesquita, Fernanda Abreu, Ricardo Barreto, Márcia Bulcão, Billy Forghieri, Antônio Pedro e Juba, fez seu último show.

Na volta da desgastante excursão de quase duas semanas em Buenos Aires, o clima não era dos melhores. Foram dois shows e muito estresse na Argentina. Dias depois, gravando a música "Malandro agulha" (de Evandro e Antônio Pedro) encomendada por Mariozinho Rocha para a trilha do personagem Miro, vivido por Miguel Falabella no remake de Selva de Pedra, da TV Globo, Ricardo Barreto e Márcia Bulcão apareceram no estúdio para dar uma notícia que há tempos vinha se anunciando: "Estamos deixando a banda".

A música foi gravada assim mesmo, porém acabou ficando sem guitarra e só com a voz da Fernanda. A Blitz tinha perdido um dos principais compositores e uma das backing vocals. No dia 3 de março de 1986, faltando uma semana para as gravações do que teria sido o quarto disco da banda, Evandro reuniu os remanescentes do grupo para oficializar a saída do casal. Ficou a dúvida no ar: o grupo simplesmente substituiria o casal e seguiria existindo? Para Billy, era o certo a ser feito. "Pensei: Saíram o Barreto e a Márcia, é só colocar outro guitarra e outra gostosona aí para cantar pra caralho e vamos tocar o barco. Mas aí o Evandro quis parar e disse: 'Acho melhor a gente dar um tempo mesmo'. E deu um tempo mesmo, um tempo de oito anos", lamenta o desolado tecladista.

Fernanda Abreu, de cara, sacou que o sonho tinha acabado ali. "O Evandro tinha a seguinte filosofia: perguntava se a gente queria 'beijo na boca ou bodas de prata'. Ficou muito claro pra mim que, com a saída de Barreto e Márcia, a Blitz tinha acabado ali", explica a cantora.

Mayrton Bahia, que naquele tempo ainda não havia trocado a EMI pela concorrente Polygram, não lembra da gravadora ter feito algum movimento para impedir que a banda se separasse. "Eu não lembro de ter havido tentativas de manter a banda, substituindo Barreto e Márcia. E outra: todos ainda estavam presos à EMI, eles terminaram a banda antes de acabar o contrato. De alguma forma, estavam amarrados", explica o produtor.

Mesmo com todo o estresse, Evandro sugeriu que a banda ainda entrasse em estúdio para gravar o quarto LP, não por coincidência batizado de *O Último da Blitz*. "Tudo bem que o grupo vai acabar, mas vamos dar uma resposta aos fãs fazendo o disco com as nossas últimas músicas, fechando o ciclo", explica o cantor. Contudo nem isso rolou, o fim estava anunciado. E a imprensa não demorou a noticiar.

No dia 7 de março, Jamari França publicava o seguinte depoimento de um dos principais compositores da banda na coluna Rock Clips do *Jornal do Brasil*:

Não acho que a Blitz deu errado; deu certo, tem um currículo super-respeitado como nenhuma banda, com disco de ouro, disco de platina, cumpriu um ciclo. É uma coisa que me deixa abalado, mas, ao mesmo tempo, me deixa superaliviado. O show business é desgastante pra caralho, a onda competitiva é muito incentivada, o assédio é grande, e quem plantou tijolo vai colher parede, mas quem plantou na boa vai colher na boa e continuar na onda.

As palavras eram de Ricardo Barreto. No mesmo dia 7 de março de 86, a jornalista Beatriz Coelho Silva dava a notícia n'*O Globo:* "Mais dois se vão: Márcia e Ricardo Barreto deixam a Blitz". Naquele ano, quase tudo o que acontecia de ruim era "culpa do cometa de Halley". Barreto, meio sério segundo a reportagem, dizia que "a passagem do cometa estava mexendo com a cabeça das pessoas e precipitando acontecimentos que estavam sendo protelados". Menos esotérica, ainda segundo a matéria, "Márcia explicava que o trabalho da Blitz não estava satisfazendo a nenhum de seus sete integrantes e estava se tornando massacrante".

Cerca de vinte dias depois, a revista *Amiga* ainda noticiava o fim da banda. O título da reportagem era "Os grupos de rock saem do tom", e falava da esperada crise que estava acabando com os conjuntos. Além da Blitz, o texto citava a cantora Virginie, que havia sido

fernanda abreu sla radical dance disco club

/ fernanda abreu = S L A² ~ be sample →

RAIO X FERNANDA ABREU

REVISTA E AMPLIADA

FERNANDA ABREU
NA PAZ

afastada do Metrô, e ainda o Ultraje, que enfrentava os problemas do tecladista Maurício Rodrigues com as drogas.

Na matéria, Evandro dizia-se surpreso com o fim da Blitz e "desejava que a separação tivesse ocorrido de forma diferente". Com a palavra, Mesquita, numa carta-desabafo publicada pela revista:

A idéia da Blitz era fazer quatro discos, que seriam o ciclo de uma vida bonita. Uma brilhante carreira, que abriu espaço para todas as bandas de rock do país, tanto que enfrentou o Canecão, quando não era permitido esse gênero naquele palco. E de lá fomos para a Apoteose, no Rock in Rio, Moscou e Buenos Aires. Tivemos uma vida bonita e cheia de realizações. Era nossa intenção fazer o último disco, depois cada um partiria pra sua. O fecho de ouro, uma grande festa. Porque, quando começamos, alguns críticos disseram que a Blitz era um grupo de música de verão. No entanto, colocamos uma, duas, três, quatro músicas. Foi uma explosão. Estamos ainda conversando, porém a tendência é cada um seguir seu caminho, porque nem tudo é divino e maravilhoso no show business. Fiquei abalado – ainda estou – com o cruzado e o joelho do Zico, com as crianças que telefonam para saber o que aconteceu com a Blitz. Mas, tenho plena confiança nessas pessoas que ficaram, a certeza de que todos terão uma participação ativa e bonita nessa cultura encabeçada pela Blitz, que é mais do que um modismo. É real. A admiração com as pessoas que ficaram é pela energia que mantemos para ir à luta.

Ainda na *Amiga*, Márcia Bulcão disse o seguinte: "A Blitz já deu o que tinha que dar; é melhor cada um seguir seu caminho". E completou o raciocínio justificando a separação: "Saímos, mas ninguém xingou a minha mãe. Quem olhou para a Blitz com sensibilidade viu que as coisas não iam bem. Esse lance está existindo há um ano. A Blitz tinha que dar uma reformulação: ninguém deu. Aí pintou a separação. Agora, vou tirar longas e boas férias. Em 85, trabalhamos sem parar: fomos para a União Soviética, Argentina e viajamos o Brasil inteiro. Agora, quero é descansar", contou a backing vocal ao repórter Luiz Carlos de Assis.

No escritório da banda, que ficava em Ipanema, a empresária Ivone de Virgiliis informava que nada tinha a declarar, pois os cinco integrantes remanescentes ainda não haviam se reunido para decidir o destino do grupo. A Blitz estava prestes a entrar em estúdio para a gravação do quarto elepê e num clima de semiférias, a agenda de shows vazia, tudo isso, enfim, facilitou o término dos trabalhos. Agora era cada um por si. Evandro, desmentindo a teoria clássica que reza ser o vocalista quem se manda para tocar a carreira solo, esclarece de uma vez por todas: "Eu sempre fui um cara de banda, de time, de grupo de teatro, não pensava em carreira solo. Comecei a pensar depois que a Blitz acabou. Fui criar minha própria encrenca".

Quase um ano depois do fim da Blitz, Ricardo Barreto retomou um velho projeto paralelo batizado com um nome bem adequado ao momento: Banda Nova. Logo em seguida o grupo mudou de nome e virou Prisioneiros do Funk, que depois mudou para Prisioneiros do Ar e lançou um único disco pela EMI mesmo, produzido por Mayrton Bahia em 1987. O guitarrista parecia feliz com o trabalho: "Estou empolgado por começar uma vida totalmente nova aos 34 anos, ao mesmo tempo em que me sinto mais criança, pronto para levar o recado ao meu público e poder cantar toda esta liberdade", disse a'*O Globo*. Já na década de 90, chegou a passar um tempo tocando com o Cidade Negra. A esposa do guitarrista, Márcia Bulcão, retomou a carreira de atriz, interrompida pelo estouro da Blitz.

Contudo a maior expectativa na vida pós-Blitz girava mesmo em torno da carreira solo de Evandro Mesquita. O primeiro disco não deixava dúvida sobre o vôo solo do cantor: *Evandro e a tribo dos Tuamães*. Nas guitarras e assinando a produção, estava o velho companheiro de aventuras musicais Marcelo Sussekind. Era para ter sido lançado ainda em 86, mas a censura cismou com quatro faixas: "Acorda, Pascoal", "Sinfonia de papo", "Balé de vaga-lume" e "Greve". Isso fez com que o disco só chegasse às lojas no ano seguinte, 1987. Com uma sonoridade black, a recepção foi morna. "Mas o disco ultrapassou as 100 mil cópias, e 'Greg e sua gang' tocou muito nas rádios", lembra o cantor.

Entre 1987 e 1988, Evandro montou, de curtição, o trio acústico Los Cocotones. Como gosta de dizer o próprio, "just for fun". Ele, o incansável e pau pra toda obra, Marcelo Sussekind

Quem mais está surpreso com o fim Blitz é Evandro Mesquita, líder banda. Apesar de reconhecer que a cri vem crescendo e culminou com un apresentação, mês passado, na Arge tina, o músico desejava que a separaç acontecesse de forma diferente. Mesn porque, depois de quatro anos de form ção, os integrantes da Blitz tinham pl nos de seguir carreiras solo de agora e diante.

"**A** idéia da Blitz — explic Evandro — era fazer quatr discos, que seriam um cic de uma vida bonita. Um brilhante carreira, qu abriu espaço para todas as bandas rock do país, tanto que enfrentou o C necão (Rio), quando não era permitia esse gênero naquele palco. E de lá fomo para a Apoteose, no Rock in Rio, Mosco e Buenos Aires. Tivemos uma vida b nita e cheia de realizações. Era noss intenção fazer o último disco, depo cada um partia pra sua. O fecho de our uma grande festa. Porque, quando co meçamos, alguns críticos diziam que Blitz era um grupo de uma música só o 'um grupo de música de verão'. No er tanto, colocamos uma, duas, três, quatr músicas. Foi uma explosão. Estamo ainda conversando, porém a tendência cada um seguir o seu caminho, porqu nem tudo é divino e maravilhoso n show business. Fiquei abalado — ainda estou — com o cruzado e o joelho do Zic com as crianças que telefonam para sa ber o que aconteceu com a Blitz. Mas tenho plena confiança nessas pessoa que ficaram, a certeza de que todos terã uma participação ativa e bonita ness cultura encabeçada pela Blitz, que mais do que um modismo. E real. A ad miração com as pessoas que ficaram pela energia que mantemos para ir luta."

SEM RENOVAÇÃO

A crise que ameaçava a Blitz foi preci pitada pela declaração de Márcia (ca sada com Ricardo, que deixaram banda primeiro): "A Blitz já deu o qu tinha que dar. E melhor cada um segui o seu caminho." Todos os músicos foram pegos de surpresa. A separação, porém Márcia mesmo afirma, aconteceu numc boa: "Saímos, mas ninguém xingou a mi nha mãe. Quem olhou para a Blitz com sensibilidade viu que as coisas não ian bem. Esse lance está existindo há um ano. A Blitz tinha que dar uma refor mulação; ninguém deu. Ai, pintou a se paração. Agora, vou tirar longas e boas férias. Em 85, trabalhamos sem parar fomos para a União Soviética, Argen tina e viajamos o Brasil inteiro. Agora quero é descansar." (Luiz Carlos de As sis — Foto de arquivo)

Fim da Blitz não era o que Evandro queria

e um amigo surfista, o Luie, formaram o Los Cocotones, chamado nas internas de Horti, Fruti e Granjeiro. Evandro explica: "Era uma brincadeira para lugares pequenos". No repertório, clássicos da Blitz, sucessos internacionais e uma ou outra música da carreira solo do cantor.

O segundo disco foi *Planos aéreos*, que fez pouco barulho na mídia e nas paradas de sucessos. O grande hit solo do Evandro só viria mesmo no terceiro, lançado em 1989 pela Polygram. A faixa seis do álbum *Procedimento normal*, "Babilônia maravilhosa", feita em parceria com o compositor Paulo Henrique, fez um baita sucesso e até hoje é tocada. Na época, Evandro fazia o divertidíssimo Saldanha na novela das sete da Globo, Top Model. O personagem era quase uma personificação do próprio ator: um surfista das antigas, amarradão em música e viciado em frutas e sucos naturais. Para quem não sabe, Evandro é conhecido como o "rei do liquidificador". Saldanha tinha um trailer na praia, bem em frente à casa de um dos personagens principais da trama, o inesquecível Gaspar Kundera (vivido por Nuno Leal Maia), pai de cinco filhos, quase todos com nomes de artistas: John Lennon, Elvis Presley, Ringo Starr, Jane Fonda e Olívia. "Babilônia" entrou na trilha da novela embalando as cenas praianas e fazendo um baita sucesso.

Hoje acordei nem li o jornal, my brother/ Eu te liguei pra dizer nada/ Já é verão e a cidade ferve, my brother/ Andar no Rio com sol na cara

Falida, ferida cidade/ Babilônia maravilhosa/ Coco pelas praias da princesinha do mar/ E em câmera lenta eu e você fazendo amor/ Vem, vem dançar/ A música não vai parar/ Não, não/ Vem, dance, dance, dance/ O sonho não pode acabar

Em 1991, Evandro Mesquita lançou o último disco da curta carreira solo. Mas apesar da breve carreira, o nome do álbum era enorme: *Almanaque Sexual dos Eletrodomésticos e Outros Animais*. Na capa, duas batedeiras "transando" ou algo do tipo.

Além das investidas musicais e televisivas, o ex-vocalista da Blitz ainda atacou de roteirista, fazendo parte da equipe de criação da série Armação Ilimitada, a qual foi inspirada no estilo Blitz de ser. "O [seriado] Armação, que eu ajudei a criar, foi muito baseado na Blitz.

Tanto que eu chamei a Patrycia Travassos para a criação do programa, que tinha muito a ver com o espírito da Blitz, uma linguagem descompromissada", revelou o diretor Daniel Filho no programa Sem censura, da TVE do Rio de Janeiro. Evandro, aliás, chegou a participar de cinco episódios.

Fernanda Abreu, que já tinha entendido a filosofia beba-Blitz-agora-depois-não-sei adotada por Evandro, encarou o fim da banda com certa tranqüilidade. "Na hora, eu acho que não conseguiria ter continuado sem a Márcia, que era minha parceira", explica Fernanda. Mais que isso: de cara, foi convidada por Jorge Davidson para continuar no cast da gravadora. "Foi bacana as pessoas reconheceram meu trabalho na Blitz". Meio sem saber se realmente queria seguir na carreira artística, a também bailarina declinou com elegância e tratou de voltar aos estúdios de dança. Até que, pouco tempo depois, o telefone tocou. Era um maluco que Fernandinha conhecia dos tempos de Sociologia na PUC: Fausto Fawcett. O jornalista, autor teatral e roteirista queria que a cantora participasse das performances com esquetes que misturavam teatro, música e poesia promovidas por ele na noite carioca em casas como o Mistura Fina, na Lagoa. Paralelamente à experiência fawcettiana, que durou quase três anos, Fernanda aproveitou para fazer aulas de canto e estudar harmonia. Um dia ganhou de presente uma bateria eletrônica de Liminha e começou, despretensiosamente, a compor. Até que esbarrou com Herbert Vianna em uma festa e, quando o líder dos Paralamas soube que a amiga andava produzindo música, chamou a garota carioca pré-swing-sangue-bom para gravar uma demo no mesmo home estúdio que usava no processo de criação paralâmica. A fita foi parar na EMI, nas mãos do mesmo Jorge Davidson que, anos antes, havia feito um convite para que a então backing virasse cantora. "Ele disse que nem sabia direito onde aquele tipo de som se encaixava, mas que mesmo assim estava interessado em gravar", conta uma surpresa Fernanda. Com a palavra, Jorge: "Adorei, confiava na Fernanda e continuo confiando. Ela é maravilhosa!", se derrete em elogios o produtor. E completa: "Ela só não gravou imediatamente após a Blitz porque não quis". As gravações começaram em 1989 e, já no comecinho da década de 90, o *SLA Radical Dance Disco Club* chegava às lojas.

Mais dois que se vão: Márcia e Ricardo Barreto deixam a Blitz

A culpa é do cometa de Halley. Depois do Kid Abelha e do Metrô, mais um supergrupo do rock brasileiro se desfaz. Desta vez é a Blitz, praticamente responsável pela onda roqueira que sacudiu a música brasileira nestes anos 80, ao estourar "Você não soube me amar" em todo o País, em 1982. Desde segunda-feira, o guitarrista Ricardo Barreto e a cantora Márcia, marido e mulher, não fazem mais parte do grupo. E foi Barreto que, meio sério, disse que a passagem do cometa está mexendo com a cabeça das pessoas e precipitando acontecimentos que estavam sendo protelados, como a separação da Blitz.

Menos esotérica, Márcia explicou que o trabalho da Blitz não estava satisfazendo a nenhum de seus sete integrantes e estava se tornando massacrante:

— Em arte, a gente tem que encontrar o meio termo. Não adianta ser genial mas cantar só para os

Em 1992, uma espécie de continuação: *SLA 2 – Be Sample*. A cantora foi uma das primeiras a usar samples nas músicas. "Se a EMI fosse pedir autorização na época pra cada artista sampleado, estaria mandando fax e e-mail até hoje pra gente como Prince e Madonna", diverte-se Fernanda. Desse disco, destaque para a faixa "Rio 40 graus", que tocou bastante nas rádios e na MTV.

Rio 40 graus/ Cidade maravilha/ Purgatório da beleza/ E do caos./ Capital do sangue quente/ Do Brasil/ Capital do sangue quente/ Do melhor e do pior/ Do Brasil./ Cidade sangue quente/ Maravilha mutante.

No entanto o grande sucesso da carreira solo de Fernanda Abreu ainda estava por vir. A ex-Blitz deslanchou de vez com o álbum *Da Lata*, de 1994. São desse disco as músicas "Veneno da lata" (com Will Mowat), "Garota sangue bom" (com Fausto Fawcett) e "Brasil é o país do suingue" (com Fausto Fawcett, Carlos Laufer e Hermano Vianna). Como tudo que era "da lata" sempre fez sucesso e virava sinônimo de qualidade, Fernanda vendeu 140 mil cópias na época. E justamente por isso não pôde aceitar o convite que recebeu para retornar à Blitz, que se preparava para um come back depois de oito anos de separação. A ex-backing teria topado, no máximo, três ou quatro apresentações comemorativas; de resto, seria impossível conciliar as agendas. Porém, como garota sangue bom que era, apareceu para uma caprichada canja no show que colocou mais de 30 mil pessoas no Arpoador.

Juba sentiu o baque. "Fiquei em estado de choque, não queria voltar a ser músico acompanhante de ninguém, tinha feito isso a vida toda", confessa. O baterista demorou quase um ano para digerir o fim daquela história quase mágica que começou nas audições da Odeon, quando a banda procurava desesperadamente um substituto para Lobão. Só quando a grana da época de vacas gordas começou a rarear e as contas foram acumulando, a ficha de Roberto Gurgel caiu. Foi aí que o baterista Juba saiu de cena e surgiu Gurgel, o empresário. Com o *know-how* de produção adquirido nos tempos de Blitz, o paulistano resolveu

virar intermediário na compra e venda de shows para não precisar se afastar muito da música. Juba sabia como a roda do show business girava e tratou de transformar isso em dinheiro; afinal, o condomínio do apartamento da Lagoa andava atrasado. Passou meses rodando o país de carro e fazendo corpo a corpo com possíveis contratantes. Com o tempo os pedidos começaram a pintar e o ex-baterista resolver oficializar a história criando a empresa Central de Eventos. Foram dez anos vendendo shows de alguns dos maiores artistas

do país: Roberto Carlos, Zezé Di Camargo e Luciano, Fábio Jr. e uma lista interminável. Gurgel, como ficou conhecido no meio, chegou a ter 40 produtores trabalhando para ele. "Financeiramente a coisa deu muito certo. Cheguei a fazer 28 shows por mês", revela. "Se eu não tivesse gasto tanto dinheiro comprando carros importados e com as namoradas, eu já poderia ter parado de trabalhar", assume. Mas a década fazendo as vontades das primadonas da música brasileira e administrando egos inflados pesou, e Juba decidiu parar. Até porque a Blitz ensaiava um retorno e o baterista precisava ressurgir das cinzas.

Na vida pós-Blitz, Antônio Pedro ajudou a formatar o selo Niterói Discos e fundou o Cidadão da Terra, que teve músicas gravadas por Lulu Santos e Milton Guedes. De resto, fez um estúdio, teve três filhos e se dedicou a administrar a herança da família. Isso até reassumir o baixo da Blitz entre 94 e 97 para os discos *Ao Vivo* e *Línguas*.

Mal a Blitz acabou, um Billy pego de calça curta se mandou para o grupo de um velho conhecido de *gigs*, o Herva Doce do guitarrista e produtor Marcelo Sussekind. Mas ficou pouco tempo. Com o fim da banda, o tecladista caiu de cama quando a ficha caiu: o estresse estourou nos pulmões e Billy precisava descansar. "Eu tive um piripaque do pulmão, bicho, quando a Blitz acabou. Eu não aceitei muito o desmanche da banda, aí estourou meu pulmão uns seis meses depois. Eu tinha que ficar parado, não podia fazer esforço, não podia fazer porra nenhuma". Nesse clima, Billy se mandou para a terra da esposa francesa, Carine Davranche, onde passou quatro meses digerindo a história, andando de bicicleta, comendo comida natureba e visitando castelos medievais. "Todo mundo me queria tocando, mas eu não queria tocar com ninguém. Eu não podia nem entrar em estúdio com os excessos que rolavam na época, tinha acabado de sair do hospital. Pensei: Vou pra França e ficar quieto lá", explica.

Na volta da bucólica temporada francesa, já em 1988, Billy assumiu os teclados no início da turnê do bem-sucedido disco *Vida Bandida*, do ex-roommate Lobão. Entretanto foram só cinco ou seis shows com o Lobo e logo pintou um convite inusitado: o ex-Blitz foi parar na superbanda de Gal Costa. Foram seis meses no Scala (famosa casa de shows carioca do empresário paraguaio Chico Recarey) acompanhando a cantora sob a direção musical de Guto Graça Mello. Robson Jorge e Torcuato Mariano nas guitarras, Carlos Bala na bateria, Celso Pixinga no baixo e, dobrando os teclados, Julinho Teixeira. "Entrou uma grana boa nessa época, deu pra ficar um ano e meio parado. Vivia na casa do Ritchie ajudando na produção do novo disco do inglês e gastando o dinheiro da turnê da Gal", diverte-se Billy.

Ritchie trabalhava no LP *Sexto Sentido* e gostava de ter o tecladista por perto desde o megassucesso "Vôo de coração". Pano rápido: os teclados da inconfundível introdução de "Menina veneno" foram gravados por Billy Forghieri, ainda nos tempos de Blitz. "A merda foi que o disco [*Sexto Sentido*] saiu bem na época da novela Pantanal, na Manchete, que queria uma música na trilha. Acontece que a Globo também queria 'Mais você' como o tema da

Cláudia Raia. Aí, entre a Globo e a Manchete, todo mundo quis a Globo. Só que não aconteceu nada com o disco da Rainha da Sucata e a trilha do Pantanal bombou, vendeu 1 milhão de cópias. E a gente entrou bem!", conta Billy às gargalhadas.

Depois do não tão bem-sucedido disco do amigo inglês, Billy estava novamente sem trabalho. Até que, numa festa no Scala, reencontrou o ex-companheiro Juba, que disse o seguinte: "Billy, parece que o Evandro tá precisando de tecladista na carreira solo. Dá um toque nele". Juba fez a ponte, Billy tirou as músicas e ficou dois anos acompanhando o ex-vocalista da Blitz. Malandro e sensitivo, Billy sacou que o ponto alto dos shows eram justamente os hits da Blitz. "Era o que estourava mesmo, além de 'Babilônia maravilhosa', que rolou muito na novela". Foi a deixa para que o tecladista colocasse uma pilha no então empresário Pedro Jaguaribe e começasse a buzinar no ouvido de Mesquita: "Essa porra dessa Blitz tem que voltar!". Evandro finalmente topou, era hora de fazer o meio de campo com o resto da galera. "Billy foi o agente catalisador", reconhece o vocalista. Entre idas e vindas a Niterói, onde morava o baixista Antônio Pedro, o caminho começava a ser aberto para a tão esperada volta. "Eu que comecei a bater na casa de todo mundo. Falava: 'Cumpadre, vai tomar no cu, só tem merda aqui no Brasil, ninguém faz porra nenhuma parecido com o que a gente fazia. Vamos voltar'. Comecei a fazer a cabeça do Evandro. Aí tinha o [Pedro] Jaguaribe, que era o empresário do Evandro, e ficamos nós dois. E aí fizemos, bicho. E não deu outra", completa o tecladista. Lá vinha mais uma história de amor da banda que perdeu o cara e do cara que perdeu a banda. Mas todo mundo se achou de novo, ou quase isso.

Numa quinta-feira, 9 de junho de 1994, a *Folha de S.Paulo* noticiava na seção Rock/Nostalgia da Ilustrada: "Blitz volta em turnê sem Fernanda Abreu". O *Jornal do Brasil* do dia 12 chamava o retorno da Blitz – junto com RPM e A Cor do Som – de "velhas novidades". O subtítulo da reportagem era: "Penduradas no sucesso do passado, bandas como a Blitz tentam reconquistar o público".

Alheia ao bafafá na mídia, a banda, que vinha ensaiando desde abril do mesmo ano em um estúdio no bairro do Cosme Velho, zona sul do Rio, tinha decretado: sem muito geme-geme, era hora de mais uma de amor.

CAPÍTULO 9

MAIS UMA DE AMOR (OU AS DORES DA RESSURREIÇÃO)

"A volta da Blitz." Essa era a chamada da *Vejinha Rio* do dia 20 de julho de 1994, anunciando o show-ressurreição que a banda faria no Arpoador, marcado para às 23h do dia 23, um sábado. Na época, Ipanema havia acabado de completar 100 anos e estava de calçadão novo e tudo mais. Sem falar no fato de que tinha sido ali, 13 anos antes e sob a lona do Circo Voador, que a Blitz havia aberto as por-tas da indústria fonográfica para o rock brasileiro.

Hannah e Evandro na turnê do *Ao Vivo*

É bom que se diga que o start para a reunião pintou de um convite para um show em Minas, mais precisamente em Belo Horizonte, lembrou Evandro à revista *Programa*, do *JB*. Pedro Jaguaribe, empresário da carreira solo do vocalista, resolveu apostar na volta da Blitz depois de ter feito uma grana alta na campanha de lançamento de uma nova marca de cerveja que chegava ao mercado em meados dos anos 90. E a volta do grupo, claro, foi um prato cheio para a mídia. A pergunta que não queria calar era: A Blitz voltaria com a formação original? Aparecia pela primeira vez o nome da substituta de Fernanda Abreu: Hannah Lima, de 22 anos. A nova backing vocal ganhou uma parada duríssima, pois a vaga foi disputada por nada menos do que trinta candidatas.

Ana Cristina Lima, ou Han-
to sensual e fã de R&B. Por
vocalista foi "descoberta" por
Fernanda Abreu. A moça era
da Blitz em carreira solo e aca-
assinou embaixo e referendou
uns dois meses fazendo tes-
estava inseguro de voltar sem
alguém com experiência de
bem. Assim que eu cheguei no
e disse: 'Caramba, é você!',

nah Lima, era uma gata mui-
uma incrível coincidência, a
Juba justamente num show de
backing vocal da ex-backing
bou substituindo a patroa, que
a substituição. "A Blitz ficou
tes com meninas. O Evandro
a Fernanda porque queria
palco e que se movimentasse
teste e cantei, ele se amarrou
conta Hannah. "Eu entrei no

susto, pra ficar quatro ou seis meses; o objetivo era só gravar o disco *Ao Vivo* e fazer uns shows depois. Mas o *Ao Vivo* explodiu e acabei ficando três anos na banda", completa a cantora. E Hannah foi a alegria dos marmanjos enquanto fez parte da trupe. Uma edição da revista *Bizz* de 1996 dedicou uma página inteira à nova backing da Blitz com o sugestivo título: "Com o diabo no corpo". A cantora reapareceu em 2002 para dar uma canja no show que comemorava os 20 anos da banda no Ballroom (antigo Oba, Oba, casa de shows que ficava no Humaitá) e acabou pegando carona numa miniturnê americana que rolou no mesmo ano para tocar a carreira solo iniciada em 2000 com o disco *Intuitiva*, lançado pela Abril Music.

Fernanda foi a única da formação original, tirando Lobão, que não participou da volta. A ex-backing vocal começava a deslanchar na carreira solo com o disco *Da Lata*, gravado justamente em 1994. "Um dia me ligaram perguntando se eu topava voltar pra Blitz. No meio da turnê do *Da Lata*? Impossível. Sugeri que a gente fizesse uns quatro grandes shows em estádios do Brasil com patrocínio e tudo, mas não rolou. (...) Eu tinha batalhado pra caramba pra chegar naquele ponto [da carreira solo] e ia sair? Não dava pra sair da minha própria vida", completa a cantora. De resto, estava todo mundo lá: Evandro, Billy, Juba, Antônio Pedro, Ricardo Barreto e Márcia Bulcão.

O tal show no Arpoador, decausa das chuvas, finalmente quase 30 mil pessoas reuni-enfrentaram um vento gelado grande estilo. E o que se viu lescentes que nunca tinham havia prometido "pouco papo animação do público mos-ainda funcionavam. Dois dias "Comandando a festa, Evan-melhor papel é mesmo o de redescoberta a pólvora. De fa-a rapaziada seguia pelo Brasil

pois de adiado duas vezes por rolou no dia 6 de agosto. As das na praia, encasacadas, para ver a volta da banda em foi uma platéia repleta de ado-visto a Blitz de perto. Evandro e muito som" e cumpriu: a trou que os hits dos anos 80 depois, *O Globo* dizia assim: dro Mesquita provou que seu cantor da Blitz". Pronto, estava róis altos e pára-choque duro, conquistando novos fãs: São

Paulo, Taubaté, São José dos Campos, Curitiba, Vitória, Aracaju, Salvador. À imprensa, não restava outra coisa a não ser noticiar o sucesso da nova turnê.

"Blitz volta a encher estádios e é disputada por gravadoras." Esse era o subtítulo da reportagem do Segundo Caderno d'*O Globo* de 2 de setembro de 1994, ano do tão esperado come back da Blitz depois da separação que aconteceu oito anos antes, em 1986. O texto de Antonio Carlos Miguel dizia o seguinte:

Quando, no final de maio, a Blitz anunciou que estava voltando, muita gente recebeu com descrédito a notícia. Nada além de uma jogada caça-níquel, de pouco fôlego e

mínimo impacto no cenário musical. Mas, passados três meses, depois de levarem mais de 30 mil jovens ao Arpoador, no Rio, lotarem por dois fins de semana o Olympia, em São Paulo, e encherem estádios e teatros pelos mais diversos cantos do Brasil, Evandro Mesquita e companhia podem encher o peito e gritar: Ok, nós estamos vencendo de novo.

No meio da matéria, Evandro esclarecia a história:

Hoje não temos mais a ansiedade de tocar na rádio ou de vender discos. Voltamos ao underground, mas confortavelmente, com o luxo que a gente conquistou e merece. Já conhecemos a via-crúcis do sucesso e não vamos mais cair nessa roda-viva.

Antigos colegas de anos 80, como Lulu Santos, Ritchie e Tony Platão, apoiavam a volta da rapaziada. Ezequiel Neves, eterno produtor do Barão Vermelho, estava eufórico com a reunião. "A Blitz morreu, viva a Blitz!", comemorava com o bom humor alucinado de sempre. Lobão, ainda mordido com os antigos companheiros de banda, era a voz dissonante. "Eu teria vergonha, mas eles precisam de grana e é válido ganhar dinheiro. Levaram dez anos pra contar de novo a mesma piada hoje, não passa a menor convicção", vociferava o Lobo com a propriedade de sócio-fundador.

O público, saudoso da linguagem corriqueira das praias e das esquinas, não queria nem saber se a piada era velha ou nova. Em outubro foi a vez do mercado fonográfico se render de novo à Blitz. E a velha conhecida EMI-Odeon foi a que ganhou a parada, afinal o conjunto ainda devia o quarto disco à gravadora, pendurado desde a separação da banda, no início de 1986.

O disco *Blitz ao Vivo*, gravado em três noites no Imperator, antigo cinema do Méier fundado em 1954 que funcionou como casa de shows entre 1991 e 2002, vendeu que nem chope com batata frita, um clássico dos botecos do bairro da zona norte carioca. O primeiro registro do *Ao Vivo* da Blitz teve produção do camarada, ex-membro honorário e craque da mesa de som Marcelo Sussekind. No cardápio, todos os clássicos da banda: "Você não soube me amar", "A dois passos do paraíso", "Weekend", "Betty Frígida", "Mais uma de amor" (ou "Geme, geme"), "Egotrip", além de outras canções menos tocadas e badaladas. A fórmula deu certo: para surpresa da própria EMI, o disco vendeu alguns milhares de cópias e garantiu uma sobrevida ao grupo, que fez mais de cem shows pelo país escorado no sucesso do *Ao Vivo*. Só em um clube na Bahia, a banda chegou a reunir 20 mil pessoas.

Na virada de 94 para 95, a Blitz apresentou-se no réveillon de Copacabana esquentando uma platéia de 4 milhões de pessoas para Rod Stewart. Um flashback do Rock in Rio I, quando a banda tocou no mesmo dia do escocês quase dez anos antes. Billy, sensitivo, não curtiu muito a apresentação. "Rola muita 'pedição' no ano-novo, o clima não tava legal, senti uma energia pesada. Até um dos trapezistas caiu no meio da música e quase acerta a Hannah em cheio", conta o tecladista meio grilado. Mesmo não querendo fazer planos a longo prazo, a Blitz caiu na estrada e a turnê do *Ao Vivo* seguiu firme e forte em 1995.

Dos tempos de turnê do disco *Ao Vivo* pelo país, várias histórias hilárias. De madrugada, depois de um dos muitos shows, um integrante da banda pediu duas bem servidas e devidamente aeradas musses de chocolates no quarto. No dia seguinte, na recepção fechando a conta do grupo, o empresário Pedro Jaguaribe estava soltando fumaça pelas ventas: queria saber quem tinha pedido as suculentas sobremesas e mandado colocar o débito no quarto dele. Quando o funcionário do hotel mostrou o recibo, a assinatura do comilão não batia com o nome de nenhum integrante da turma: Celso Abreu. Com cara de vítima de pegadinha, Jaguaribe entrou no ônibus resmungando: "Ah, se eu pego esse Celso Abreu...". A banda, claro, não agüentou e caiu na gargalhada. Resumo: dali em diante nascia uma nova "entidade blitzniana", tudo de errado que acontecia na estrada era culpa do Celso Abreu. Evandro, sempre sacana, chegou a anunciar no sistema de som de um dos muitos aeroportos espalhados pelo país: "Senhor Celso Abreu, favor comparecer ao embarque no portão B".

Em fins de 96, surgiu a idéia de um novo disco de inéditas, o que não acontecia desde 1986, quando o grupo se separou. "Começamos a preparar um novo disco de inéditas; passamos o ano compondo e ensaiando na casa do Evandro. Até o Guto Graça Mello deu uma

O cacique Evandro, entre Hannah e Márcia

força", conta Billy. "Acontece que, depois de mais um desentendimento com Barreto, Guto disse que não estaria mais no barco", completa Evandro. Mesquita começou a sondar as gravadoras, mas, segundo o vocalista, "ninguém queria a Blitz". Até que em 1997 o imprevisível aconteceu: um abastado empresário, ex-chefe de segurança do Sendas, dono do Rio Rural Park e fã de Evandro, Carlos Henrique Garção, resolveu bancar a gravação do disco nos Estados Unidos, mais precisamente em Miami. "Pintou o cara de Miami, gente boa. Ele achou um absurdo nenhuma gravadora pegar a Blitz e falou: 'Porra, vou entrar nesse ramo'. Ele nunca tinha se metido nessa, tinha empresa de segurança, cuidava da segurança do Sendas, do Bon Marché, firma grande pra caralho", explica Billy. "Ele falou: 'Vou abrir uma gravadora, uma editora e vou lançar vocês, vou investir e, digo mais, vou gravar lá em Miami com o produtor do Santana'. Não deu outra, dali um mês estava todo mundo lá em Miami, numa puta casa, num puta estúdio, com um puta produtor, o cara bancou tudo do bolso dele", revela o tecladista. E tinha mais: o empresário queria abrir uma gravadora e colocar Evandro e Billy como diretores artísticos na encrenca. "Ia ser mamão com mel", sonhava o cantor. "A gente ia poder desenvolver trabalhos com várias pessoas que admirávamos", conclui Evandro.

Desfalcada nos vocais femininos – Márcia Bulcão não topou a viagem – a banda passou quarenta dias no paraíso verde-amarelo da Flórida. Sobre a temporada em Miami, Antônio Pedro disse o seguinte: "A cidade se parece muito com o Rio. Tem música na rua, na calçada", contava o baixista. Pilotando a mesa de som do estúdio estava Jim Gaines, um papa-Grammys que tinha no currículo trabalhos com artistas do calibre de Santana, Blues Traveler, Herbie Hancock e até Stevie Ray Vaughan. "Foi legal ver nossa música através desse cara", dizia um animado Evandro. Na metaleira, o naipe classudo da Miami Sound Machine (antiga banda de Gloria Estefan), com arranjos de Serginho Trombone, responsável pelos metais da fase Racional de Tim Maia. "Ficou Banda Black Rio Madureira com a pegada de lá", se divertia o menino do Rio versão Miami. Na percussão, estava o lendário Ari Dias, ex-Rita Lee e Cor do Som. "Em 97, o dólar tava pau a pau com o real. Ficava mais barato fazer o disco fora mesmo. Passamos um mês numa casa em Miami e com o New River Studio à nossa disposição", lembra Billy. Sussekind, que na época pilotava o som da turnê do *Ao Vivo*, não embarcou na viagem, segundo ele mesmo "devido ao cheiro de enxofre da parada". No meio das gravações para o disco *Línguas*, Hannah se desentendeu com o tal empresário, que, segundo ela, bancava o "estranho esquema de Miami", e se mandou de volta para o Brasil para tocar a carreira solo. "As meninas não tinham muito o que fazer, os vocais só seriam colocados no final. Elas passavam o dia inteiro fazendo compras em shoppings, aí acabaram se estranhando", diz Evandro. Resumo: a Blitz teve que recorrer a uma dupla de cantoras porto-riquenhas, emprestadas por Jon Secada e que também cantavam com Gloria Estefan. "Perdemos um tempão ensinando as letras e o sotaque certo pra elas. Mas as duas adoravam música brasileira, uma delas tinha até uma filha chamada Elis", lembra Evandro.

Na volta ao Brasil, estresse à vista. Ricardo Barreto e Antônio Pedro não concordaram com a nova política de divisão de lucros que foi proposta na época e deixaram a banda. Como Evandro e Billy tinham produzido todo o esquema desde o início, ganhariam um pouco mais do que os colegas de banda. No fim das contas, Evandro também acabou se desentendendo com o dono da Henrimar, o que acabou afetando a divulgação de *Línguas*. Já com o clima tenso, Antônio Pedro pediu dispensa de um show da Blitz marcado para um evento fechado. Barreto achou normal e apoiou o colega. Contudo Evandro, Billy e Juba não aprovaram a atitude do baixista. Resultado? Um novo racha e, dessa vez, definitivo. Até hoje Ricardo e Pedro brigam na justiça com os ex-companheiros pelo direito de uso do nome Blitz que, é bom que se lembre, foi sugerido por Lobão. "Rolou um papo de que a gente deveria ceder 1% da nossa parte para o Evandro. O problema não foi nem a grana, e sim o precedente que isso abriria. A Blitz era uma sociedade e, na época, não houve diálogo. Por isso ainda brigamos pelos nossos direitos, queremos uma indenização", justifica Barreto. "A banda se meteu num projeto sem pé nem cabeça. Quem não concordou foi saindo", completa Pedro. "Eles entraram na justiça e perderam em todas as instâncias. Não éramos mais amigos, não estávamos em Cuba, era divisão de trabalho e eu estava cansado de ficar cavando as coisas enquanto eles ficavam em casa esperando o telefone tocar", rebate Evandro.

Mesmo desfalcada de outros dois membros da formação original – Fernanda e Márcia já não estavam mais –, a banda seguia tentando divulgar o novo disco. *O Jornal do Brasil* de 10

As caras e bocas de Hannah Lima

BLITZ

LÍNGUAS

de dezembro de 1997 anunciava um novo verão para a Blitz: "O grupo que sacudiu a MPB há 16 anos lança álbum com atitude mais madura e tem clássicos reeditados".

Os clássicos reeditados a que a manchete se referia eram os três primeiros LPs, que estavam finalmente sendo lançados em CD. Ainda na reportagem assinada por Silvio Essinger, Evandro explicava que o disco havia sido concebido durante a temporada de shows da banda reformada. "A gente rodou o Brasil inteiro. O que era pra ser uma turnê de seis meses durou um ano e meio, com 150 shows."

O *Jornal da Tarde* de 20 de dezembro de 1997 publicava em letras garrafais: "BLITZ VOLTA COM A MESMA FÓRMULA EM LÍNGUAS".

Na reportagem de Paulo Cunha, Evandro dizia que estava "tentando descobrir a cara da banda nos anos 90". E completava dizendo que os integrantes "procuravam manter o humor, a irreverência e a teatralidade de sempre, mas de outra maneira". Em uníssono, o grupo concluía: "É uma volta mais adulta, pois não temos mais 20 anos". No mesmo JT, a crítica resumia:

Línguas mostra a Blitz na idade madura. A banda mantém a temática do cotidiano carioca e o bom humor, mas também passa por assuntos pretensamente mais maduros. O objetivo, porém, não é alcançado em nenhum dos casos.

Disco gravado, problemas à vista: a má distribuição, uma preguiça muito grande de encarar a peregrinação dos shows de divulgação e um certo "bode" com o escritório que vendia a banda. Desse jeito, a coisa não iria mesmo muito longe.

No *JB*, a reportagem terminava com a seguinte frase: "Quinze anos depois, a Blitz está pronta para mais um verão". Mas talvez não estivesse. *Línguas*, que acabou sendo lançado pelo selo independente Henrimar Espetáculos Artísticos (HEA) e distribuído pela Eldorado – que soltou apenas 15 mil cópias no mercado –, não vingou. "A gente ofereceu para a Odeon, que não quis. Disseram que o disco não era bom", lamenta Billy. "O disco não teve divulgação, mas o resultado final ficou bem bacana. Chegamos a botar 'Choveu' na trilha de uma novela da Globo [Corpo Dourado, de 1998]. A galera também se amarra em 'O lado escuro da rua'", completa o tecladista.

Em janeiro de 1998, quase simultaneamente ao lançamento de *Línguas*, chegava às lojas a caixa Portifólio, com os três discos de estúdio da Blitz agora em CD e, de quebra, o raro compacto com as proibidas do primeiro LP: "Cruel, cruel esquizofrenético blues" e "Ela quer morar comigo na lua". O ano foi magro e terminou de um jeito inusitado: o então empresário Antônio Chaves marcou um jantar de fim de ano com a galera no restaurante mexicano El Palomar, de Tonico, um amigo de Evandro. Chegando na praça de alimentação do Condomínio Parque das Rosas, na Barra da Tijuca, a trupe deu de cara com um palco improvisado. Toninho tinha se esquecido de avisar que a confraternização blitzniana incluía um show-surpresa para uns poucos privilegiados que jantavam por ali. A Blitz se entupiu de tacos e burritos e tocou um sucesso atrás do outro, até que a polícia, chamada por moradores dos prédios vizinhos, incomodados com os poderosos *riffs* de "Você não soube me amar", chegou para acabar com a festa.

Veteranos de sangue novo

Novos Baianos, A Cor do Som e Blitz voltam em CDs com músicas inéditas

Cláudio Uchôa

Arquivo

Vêm das décadas passadas as novidades que prometem mexer com a música brasileira no segundo semestre do ano. Três dos mais representativos grupos dos últimos 30 anos, A Cor do Som, Blitz e Novos Baianos não só reuniram-se novamente – os dois primeiros já botaram no mercado discos com antigos sucessos – como estão prontos para lançar trabalhos inéditos. "Sentimos não só uma curiosidade, como uma quase necessidade das novas gerações em relação ao trabalho dos Novos Baianos", explica Paulinho Boca de Cantor. "Acumulamos novas

O ano de 1999 começou do jeito que a Blitz gosta, no melhor estilo "escola de samba pop". Um show com a participação da bateria nota 1.000 da Estação Primeira de Mangueira na Fundição Progresso, ao lado do Circo Voador da Lapa, que na época andava interditado pelo então prefeito carioca Luiz Paulo Conde. "Tô de alma lavada. Começar o ano na Fundição, que é um prolongamento do Circo Voador, que eu fiz o parto, lá no Arpoador, é demais", vibrava um extasiado Evandro ao programa Espaço Aberto, da TV Comunitária do Rio. Indagado sobre o momento da Blitz, disse o seguinte: "A Blitz é que nem o Fla-Flu dos bons tempos, tem que voltar. É como uma chuva de verão que vai e volta e, quando volta, molha todo mundo. Enquanto rolar essa energia a gente vai brincar, senão a gente brinca de outra coisa e daqui a pouco volta", finaliza.

Em 2000, mais uma tentativa independente. Só que no lugar das tradicionais lojas de discos, as bancas de jornais. A idéia partiu do compositor e empresário Pierre Aderne, que vinha da experiência de um disco com versões modernas dos hinos dos clubes de futebol, vendido junto com a revista *Placar*. "Acho que foi muito importante levar o conteúdo da primeira banda do rock brasileiro a outras gerações. Esse foi o motivo principal do convite. Aos 15 anos vi a Blitz tocar no Circo Voador, ainda no Arpoador, e me interessei de cara por aquela mistura de música e teatro. Evandro, Fernanda Abreu, Márcia & Cia. divertiam a moçada com uma incrível presença de palco e letras divertidas e inteligentes", lembra Pierre.

O CD *Blitz – Últimas Notícias* foi produzido por Eugênio Dale e gravado no estúdio AR, o mais badalado da época

Nova aventura da Blitz leva 30 mil ao Arpoador

Jovens enfrentam frio para ver volta da banda

ANTÔNIO CARLOS MIGUEL

O vento frio e os dois adiamentos não assustaram o público da Blitz. Cerca de 30 mil pessoas, segundo previsão dos produtores e da Riotur, lotaram o Arpoador, na noite anteontem, para assistir à volta ao Rio de Janeiro do grupo símbolo do rock carioca dos anos 80.

A maior parte da encasacada platéia era composta por adolescentes que nunca tinham visto a banda. Mas, oito anos depois de seu fim, a fórmula da Blitz ainda funciona e fez o público dançar na areia da praia. Segundo o cantor Ritchie, outro sobrevivente do **boom** roqueiro dos anos 80, a volta da Blitz é um bom sinal:

— Na Inglaterra, também está acontecendo um **revival** da new wave. O público jovem tem curiosidade pelo que nós fizemos.

Sucessos como "Vai vai love", "Weekend", "Mais uma de amor (geme, geme)", "Betty frígida", "Dali de Salvador", "O tempo não vai passar", "Você não soube me amar" ou "A dois passos do paraíso" mantiveram o público aceso. Comandando a festa, Evandro

Mesquita provou que seu melhor papel é mesmo o de cantor da Blitz. Bem acompanhado pelas vocalistas Márcia Bulcão e Rhanah Lima — esta, substituindo Fernanda Abreu — e a bem azeitada banda composta por Antônio Pedro (baixo), Ricardo Barreto (guitarra), William Forghieri (teclados), Juba (bateria) e Mister Zero (percussão). Durante o bis, Fernanda Abreu se uniu aos antigos companheiros, participando de "Weekend" e "Mais uma de amor".

Evandro Mesquita, em seu melhor papel como cantor e líder da

no Rio de Janeiro. O disco, lançado pelo selo Panela Music, criado por Aderne, trazia na capa um quadro pintado por Evandro chamado *A redescoberta*, foi vendido por apenas R$ 6,99 em uma promoção aos domingos junto com o jornal carioca *O Dia*. No cardápio, releituras dos antigos sucessos "Você não soube me amar" (com participação de Baby do Brasil, ex-Consuelo), "Weekend", "A dois passos do paraíso" e algumas músicas novas, como "De cabelo em pé", "O lobo", "Pipoca na memória" e "Saquarema". "Foi o disco mais rápido da Blitz, gravamos em um mês. Até onde eu sei, passamos de 40 mil cópias vendidas", conta um comedido Billy. "Mesmo

dagado sobre o momento da Blitz, disse o seguinte: "A Blitz é que nem o Fla-Flu dos bons tempos, tem que voltar. É como uma chuva de verão que vai e volta e, quando volta, molha todo mundo. Enquanto rolar essa energia a gente vai brincar, senão a gente brinca de outra coisa e daqui a pouco volta", finaliza.

Em 2000, mais uma tentativa independente. Só que no lugar das tradicionais lojas de discos, as bancas de jornais. A idéia partiu do compositor e empresário Pierre Aderne, que vinha da experiência de um disco com versões modernas dos hinos dos clubes de futebol, vendido junto com a revista *Placar*. "Acho que foi muito importante levar o conteúdo da primeira banda do rock brasileiro a outras gerações. Esse foi o motivo principal do convite. Aos 15 anos vi a Blitz tocar no Circo Voador, ainda no Arpoador, e me interessei de cara por aquela mistura de música e teatro. Evandro, Fernanda Abreu, Márcia & Cia. divertiam a moçada com uma incrível presença de palco e letras divertidas e inteligentes", lembra Pierre.

Nova aventura da Blitz leva 30 mil ao Arpoador

Jovens enfrentam frio para ver volta da banda

ANTÔNIO CARLOS MIGUEL

O vento frio e os dois adiamentos não assustaram o público da Blitz. Cerca de 30 mil pessoas, segundo previsão dos produtores e da Riotur, lotaram o Arpoador, na noite anteontem, para assistir à volta ao Rio de Janeiro do grupo símbolo do rock carioca dos anos 80.

A maior parte da encasacada platéia era composta por adolescentes que nunca tinham visto a banda. Mas, oito anos depois de seu fim, a fórmula da Blitz ainda funciona e fez o público dançar na areia da praia. Segundo o cantor Ritchie, outro sobrevivente do **boom** roqueiro dos anos 80, a volta da Blitz é um bom sinal:

— Na Inglaterra, também está acontecendo um **revival** da new wave. O público jovem tem curiosidade pelo que nós fizemos.

Sucessos como "Vai ou love", "Weekend", "Mais uma de amor (geme, geme)", "Betty frígida", "Dali de Salvador", "O tempo não vai passar", "Você não soube me amar" ou "A dois passos do paraíso" mantiveram o público aceso. Comandando a festa, Evandro

Mesquita provou que seu melhor papel é mesmo o de cantor da Blitz. Bem acompanhado pelas vocalistas Márcia Bulcão e Rhanah Lima — esta, substituindo Fernanda Abreu — e a bem azeitada banda composta por Antônio Pedro (baixo), Ricardo Barreto (guitarra), William Forghieri (teclados), Juba (bateria) e Mister Zero (percussão). Durante o bis, Fernanda Abreu se uniu aos antigos companheiros, participando de "Weekend" e "Mais uma de amor".

Evandro Mesquita, em seu melhor papel como cantor e líder da

O CD *Blitz – Últimas Notícias* foi produzido por Eugênio Dale e gravado no estúdio AR, o mais badalado da época no Rio de Janeiro. O disco, lançado pelo selo Panela Music, criado por Aderne, trazia na capa um quadro pintado por Evandro chamado *A redescoberta*, foi vendido por apenas R$ 6,99 em uma promoção aos domingos junto com o jornal carioca *O Dia*. No cardápio, releituras dos antigos sucessos "Você não soube me amar" (com participação de Baby do Brasil, ex-Consuelo), "Weekend", "A dois passos do paraíso" e algumas músicas novas, como "De cabelo em pé", "O lobo", "Pipoca na memória" e "Saquarema". "Foi o disco mais rápido da Blitz, gravamos em um mês. Até onde eu sei, passamos de 40 mil cópias vendidas", conta um comedido Billy. "Mesmo

que tenha vendido 40 mil cópias, ainda assim foi um sucesso. A Blitz foi a primeira banda da música brasileira comercializado em bancas de jornal, abrindo inclusive espaço pro Lobão", frisa Aderne.

O problema é que as tais 40 mil cópias eram poucas perto do que se esperava, a tiragem foi de 100 mil CDs. Ainda mais se comparadas à vendagem da coleção de 24 volumes de Salmos lançados pelo mesmo Pierre com Cid Moreira narrando passagens bíblicas: cerca de 25 milhões de unidades vendidas. "O Cid já tinha gravado os Salmos para a venda via TV. Só fizemos a formatação de uma coleção para distribuir em parceria com os principais jornais do país, que faziam o marketing e usavam sua circulação de domingo pra lançar o CD junto ao jornal", lembra o empreendedor. Com o sucesso do CD de Salmos, Aderne resolveu investir no filão e criar o selo Panela Music. Depois da Blitz, teriam vindo Oswaldo Montenegro e Baby do Brasil, mas o fraco desempenho nas bancas desanimou os produtores e, é claro, a própria banda. Baby chegou a gravar, entretanto parou por aí. "Depois da Blitz, gravei apenas mais um disco lindo com Baby Consuelo, que nunca foi lançado", lamenta Pierre. A parceria com os jornais do grupo Globo, que impulsionou os Salmos no vozeirão de Cid, já não rolava mais, o que prejudicou a distribuição do produto. A solução encontrada para diminuir o encalhe foi colocar o CD nas bancas outra vez, só que sem o vínculo com o jornal; a bolachinha foi encartada numa espécie de revista, que nada mais era do que uma cartolina com a imagem da capa reproduzida. Foi feita uma parceria com a distribuidora Fernando Chinaglia S.A., uma das mais antigas do país e que hoje pertence ao grupo Abril, para que as milhares de unidades pudessem ser desovadas.

Pouco barulho. Os "highlanders do Rock Brasil" já viviam uma outra fase: a de Globetrotters da música. Viajavam pelo país tocando em festas fechadas e eventos dos mais variados, de formaturas de faculdade a rodeios. Era o tal do underground luxuoso, no qual Evandro Mesquita se sentia confortável e, de certa forma, aliviado.

CAPÍTULO 10

UNDER-GROUND

LUXUOSO (ENQUANTO HOUVER BAMBU, TEM FLECHA)

Em janeiro de 2000, o Rock in Rio I completou 15 anos. Em abril, Roberto Medina anunciava a terceira edição do festival, agora com uma pegada social: Rock in Rio por um Mundo Melhor. Uma co-letiva para a imprensa foi agendada numa desabitada Cidade do Rock. Marcado para janeiro de 2001, os trabalhos para o evento começaram cerca de um ano antes. Graças ao trabalho duro do pessoal da Approach, assessoria de imprensa oficial do evento, matérias começavam a pipocar nos jornais. Em uma delas, *O Globo* levou Evandro

Evandro avisa: tem bambu de sobra

Mesquita para visitar o terreno da Ilha Pura em Jacarepaguá e relembrar os shows consagrados da Blitz na edição de 1985 do festival.

E graças ao RIR 3, como era chamado nas internas, consegui um emprego dos sonhos: fui escalado pelo próprio Medina para fazer parte da TV Mundo Melhor, uma espécie de circuito interno de televisão que entraria no ar, via telões, nos intervalos dos shows. Foram meses de gravações com a equipe da Universidade Gama Filho, coordenada por João Uchôa, um arquiteto e produtor de TV muito louco e ex-sócio de Andrucha Waddington na TV Búzios.

Eu era o único da TV a ficar no quartel-general de produção do evento, a Artplan Barra, onde hoje funciona a sede comercial do Barra Shopping, Cidade do Rock. Acompanhei confirmações dos *castings* nacionais, tanto do Palco Mundo quanto da Tenda Brasil. Fiquei muito amigo do Jeff e, como acompanhava a Blitz desde 1998 e via que o show ainda funcionava, sugeri que Evandro & Cia. tivessem um espaço no evento, mesmo que num show-relâmpago, surpresa, entre uma banda e outra.

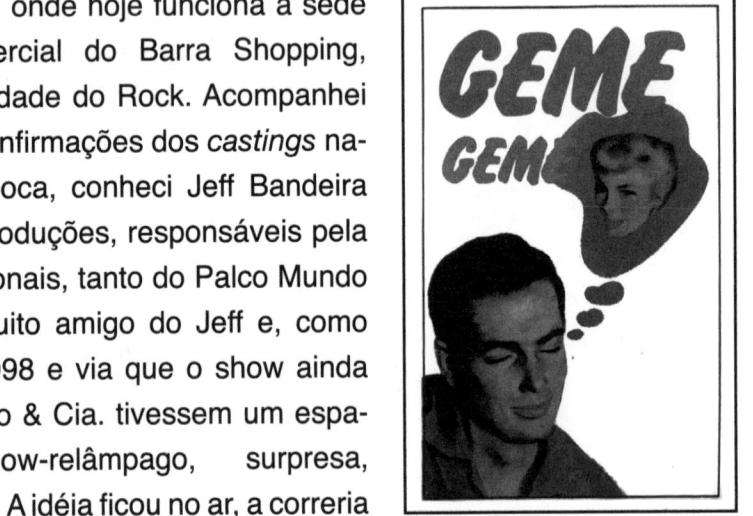

da agência, ali no centro co-no meio do caminho para a de perto reuniões, decisões e cional e internacional. Nessa época, conheci Jeff Bandeira e Marizinha, da Novamente Produções, responsáveis pela escalação das atrações na-A idéia ficou no ar, a correria para tirar do papel um evento daquele porte atropelava muitas conversas de corredor, fora o estresse de fechar com os artistas; a negociação dos cachês com os empresários dos grupos brasileiros convidados era uma novela à parte. Mas no dia 12 de janeiro de 2001, às 13h, os portões de uma Cidade do Rock ressurgida da lama e das cinzas se abriram e, às 18h, a Orquestra Sinfônica Brasileira deu início aos trabalhos. Contudo um dos momentos mais emocionantes da terceira edição do festival só aconteceria no dia seguinte.

O *line up* do dia 13 de janeiro de 2001 era o seguinte, nesta ordem: Cassia Eller (que fez um baita show, já lançado em DVD), Fernanda Abreu, Barão Vermelho, Beck, Foo Fighters e, pela primeira vez no Brasil, REM. Este era considerado um dos melhores dias do festival, senão o melhor. E ficou melhor ainda quando, exatos dezesseis anos depois, o terreno de Jacarepaguá estremeceu ao som de um hino dos anos 80. O show de Fernanda Abreu rolava morno, com a turma do gargarejo azucrinando o swing-sangue-bom da cantora quando, de repente e de surpresa, eis que imagens de Evandro Mesquita enchem o gigantesco telão e o ator-cantor surge no palco. A competentíssima banda de Fernandinha atacou uma impecável "Você não soube me amar" e a Cidade do Rock veio abaixo. Era mesmo impossível resistir ao carisma de Evandro, à levada do hit do verão de 82 e ao clima de

revival que tomou conta das
pulavam no gramado. "A canja
sentimentos: raiva, inveja, or-
tirado alguma coisa que é sua
Abre o jogo um Evandro meio
no palco, senti imediatamen-
e uma cumplicidade: Porra,
tar lá, eu sabia que dava pra
ter participado. Mas eu fiquei
Fernanda, rolou uma antece-
biografia de Roberto Medina,
Neves descreveu esse mo-

quase 200 mil pessoas que
foi gozada, um misto de vários
gulho, era como se tivessem
e você vai voltar lá pra pegar".
ressentido. "Quando eu entrei
te a conexão com o público
cadê a Blitz? Tinha que es-
gente ainda, a Blitz merecia
muito feliz com o convite da
dência, nós ensaiamos". Na
o jornalista Marcos Eduardo
mento da seguinte forma:

Antiga musa da Blitz, Fernanda Abreu enlouqueceu a galera ao chamar Evandro Mesquita para o palco – novos chutes nos bolões, ao som de "Você não soube me amar".

Fernanda, autora do convite, fala da ilustre participação do ex-companheiro de banda no show: "Quando me chamaram pro Rock in Rio, no dia seguinte liguei pro Evandro. Rock in Rio, na minha cabeça, era igual à Blitz, o link era direto". E continua: "Eu tava lá, fazendo meu show, que não é uma coisa superpopular. Mas quando ele [Evandro] entrou a

Dia do Beijo pela Vida/2008: a Blitz ao vivo em São Paulo

energia mudou, foi incrível. O show deslanchou depois de uma maneira impressionante", reconhece Fernanda.

O que ficou para a história foi o eterno menino do Rio saindo de cena ovacionado por uma platéia anestesiada e entregando a pelota redondinha nas mãos da garota carioca, que também saiu em grande estilo, entoando o grito de guerra do funk: "Tá dominado, tá tudo dominado". Inesquecível. Canja que seria devidamente retribuída pela ex-backing vocal cinco anos mais tarde, na gravação do DVD *Blitz Ao Vivo e a Cores*, ao apagar das luzes de 2006.

No ano seguinte, em 2002, a Blitz cogitava gravar um disco acústico ao completar 20 anos "com corpinho de 18", como dizia Evandro a um jornal da época. Numa entrevista ao jornal carioca *Extra*, o vocalista lembrava os velhos tempos: "Éramos mundialmente conhecidos por algumas pessoas no bairro [Ipanema] e a cada show aumentava a nossa confiança". Em comemoração à efeméride roqueira, um show com diversos convidados foi marcado para o dia 29 de maio no Ballroom. No jornal *Valor Econômico* do dia 23, até Lobão acenava com a possibilidade de fazer parte da festa. "Cheguei a comentar com o Evandro que, se eles se reunissem, eu facilmente subiria no palco para dar uma canja", disse Lobão cheio de amor pra dar. E continua com o afago: "Para mim, seria uma alegria e uma oportunidade de subir ao palco pela primeira vez com uma banda que eu ajudei a criar, a conceber e, afinal de contas, fui eu quem deu o nome, né? Seria uma festa". Isso acabou só acontecendo no Altas Horas, programa de Serginho Groisman na Rede Globo. O jornal *O Dia* anunciava o evento com a manchete "Saudosismo sem fim". Evandro brincava na reportagem: "Vamos soprar essa velinha, senão outras bandas vêm e o fazem". Nessa época, dois Barões reforçavam a Blitz: o guitarrista Fernando Magalhães e o baixista Rodrigo Santos. Hannah Lima, a backing titular entre 94 e 97, também apareceu para dar uma canja e os parabéns aos antigos colegas. Na platéia estavam colegas de Evandro da novela Desejos de Mulher. As atrizes Mel Lisboa e Luiza Mariani também chegaram a dar uma canja cantando "Geme, geme".

No mais, 2002 seguiu sem grandes emoções, a não ser por alguns shows esporádicos pelo país e por uma miniturnê nos Estados Unidos que já havia começado turbulenta. O empresário Antônio Chaves desceu do avião passando mal numa escala em São Paulo e o baterista Juba, que havia discutido com o então manager em pleno ar, assumiu a produção da banda na temporada americana.

No início de 2003, toca o telefone no charmoso apartamento de William Forghieri no bairro das Laranjeiras, Rio. Era o novo produtor da Blitz, Marcelo Penedo. Acabo ouvindo a conversa, meu gravador ainda estava rodando. Billy desliga e comenta: "Tá vendo? Era o Marcelo dizendo que arrumou cinco shows no sul de Minas durante o carnaval, em cima de um trio elétrico! Do caralho! O lance é ver se a agenda do Evandro vai deixar... ele tá enrolado com o teatro".

E nesse ritmo a banda ia seguindo. O difícil era saber se a Blitz ainda existia de fato ou se apenas se juntava para tocar de acordo com a demanda de shows pelo Brasil ou mesmo pelo mundo. É isso mesmo, pelo mundo. Em outubro de 2002, Evandro & Cia. fizeram uma miniturnê nos EUA graças à uma aparição-relâmpago no Programa do Jô. Em dezembro, tocaram no dia 20 em São José dos Campos e no dia 27 em Florianópolis.

Quatro dias depois da apresentação no Sul, na virada de 2002 para 2003, enquanto Jorge Ben Jor, Sandra de Sá, Lenine, Cidade Negra, Claudio Zoli, O Rappa e Fernanda Abreu animavam o réveillon nas praias de Copacabana e Ipanema, do outro lado da zona sul, pertinho do aeroporto Santos Dumont, numa festa fechada na Marina da Glória, a banda que revelou a garota-carioca-swing-sangue-bom também fazia a trilha sonora do ano-novo: quase 1.000 pessoas pagaram entre R$ 200,00 e R$ 400,00 para comer, beber, ver a Blitz de perto e ouvir a banda.

De um jeito diferente, alternativo, underground e luxuoso ao mesmo tempo, tocando quando dá, a Blitz continua por aí desde 1997, quando gravou o disco *Línguas* em Miami. Com a palavra Olivier Ridisser, da empresa New Quality, organizadora do evento na Marina: "A gente queria uma banda que não estivesse muito em evidência – no réveillon os cachês são muito altos –, mas que se identificasse com o público que a gente queria atrair, de 30 a 40 anos", explica o contratante. "Mas a Blitz não foi o grupo que sobrou pra tocar na festa, a gente quis a Blitz. Eles estão retomando a carreira agora, de repente isso aqui pode ser um recomeço pra banda", profetizou Olivier.

A formação atual: Evandro, Luciana, Billy, Andréa, Juba, Claudinha e Rogério

Marcelo Sussekind, responsável pelo CD ao vivo da banda gravado em 1994 e também pela "ressurreição" do Capital Inicial com o CD acústico, soltou a pérola que dá título a esse capítulo enquanto tentava explicar a atual situação da Blitz, durante a passagem de som de mais um dos esporádicos shows da banda, em Belo Horizonte, nos idos de 99. "Os caras estão numa espécie de underground luxuoso: não rola mais o *mainstream* de antigamente, mas o show tem uma estrutura bacana, o público continua amarradão, funciona".

Billy tenta explicar a expressão do amigo. "A gente está sem gravadora, mas vende disco até hoje... tem um monte de coletânea nossa por aí, só a '*Meus Momentos*' já vendeu mais de 100 mil cópias". Evandro também entra na roda e dispara: "Eu curto esse underground, me divirto muito fazendo os shows... mas perdi um pouco da paciência pra ficar fazendo [divulgação em] TV, rádio e tal. Isso já encheu o saco. É claro que eu gostaria de ter uma gravadora dando uma força, ajudando a fazer um trabalho legal, filtrando o que fazer ou não. Eu queria ter uma estrutura pra chegar no palco e só cantar, esse seria o grande lance... mas beleza, estamos aí".

O esquema funcionava mais ou menos assim: para efeitos comerciais, a banda ainda existia, era só procurar o contato da Blitz nas revistas especializadas. Contato estabelecido, o empresário ouvia a proposta do contratante, ligava para os integrantes originais que restaram (Evandro, Billy e Juba) e, se agenda dos três permitisse, principalmente a de Evandro, era só avisar aos músicos de apoio (guitarra, baixo, percussão e vocais femininos) e retornar ao interessado em contratar o show. Feito isso, bastava fechar uma data, acertar detalhes, bater o martelo do cachê e pronto. Desce dois, desce mais.

Pano rápido: essa história dos músicos de apoio merece alguns parágrafos à parte. No show do réveillon, por exemplo, a guitarra foi empunhada por Fernando Magalhães, titular do Barão Vermelho. "Sempre que posso, quando o Barão tira umas férias, eu vou tocando com a galera... o Billy, Juba e Evandro são pessoas maravilhosas", derrete-se o guitarrista. Em algumas apresentações de 2002, quem empunhou o baixo foi um outro Barão, Rodrigo Santos. No set de percussão, que já passou pelas lendárias mãos de Ari Dias (ex-Cor do Som e Rita Lee), também tocaram o baiano Zinho Brown, sobrinho de Carlinhos, e

A performática Luciana Spedo

outros tantos. Ao todo, quase trinta músicos passaram pela Blitz entre 1998 e 2007. Tá bom ou quer mais?

Na guitarra, além do Barão licenciado Fernando Magalhães, outros quatro especialistas na função se revezaram tocando os clássicos *riffs* blitznianos. Baixistas, foram seis. Na percussão, além do lendário Ari Dias, outros seis instrumentistas seguraram a cozinha da Blitz. Nos vocais femininos, altíssima rotatividade: depois de Hannah Lima, substituta de Fernanda Abreu no come back de 1994, nada menos do que dez cantoras passaram pelos microfones da banda. Até Roberta Foster, a Eva do Zorra Total, entrou na dança. Haja mulher, hein?

Antônio Chaves, ou simplesmente Toninho, que trabalhou com Evandro entre 1987 e 1997 e acabou virando empresário da banda até 2003, é um arquivo ambulante de "causos" blitznianos. História de bastidores é o que não falta, principalmente na fase mais underground da banda. Os perrengues Brasil afora são incontáveis. "Nosso maior problema pra vender show da Blitz era o próprio Evandro. Eu devo ter quebrado a perna dele umas trinta vezes", diverte-se Toninho. Por causa dos compromissos do cantor com a Rede Globo, ficava difícil vender shows "com data pra frente", como é praxe no meio do showbiz. "Mas eu nem me incomodava muito, uma coisa compensava a outra. Eu deixava de fazer um ou outro show por causa da TV, mas, quando o Evandro aparecia na televisão, o telefone tocava loucamente. Eu perdia dois ou três, mas vendia entre cinco e dez depois", explica o ex-empresário. Nessa época, a banda fazia uma média de dois a quatro shows por mês.

Na real, parecia que a Blitz andava mesmo querendo pular do underground para o *mainstream* novamente. E o segundo retorno tinha data marcada para acontecer. "As nossas músicas ficaram presas na gravadora até março de 2003... vencido esse prazo, a gente vai correr pra gravar um DVD ao vivo. Estamos loucos pra voltar!", avisava o batera Juba, enquanto esperava o show da virada do ano. Entretanto o problema não era só esperar a liberação da gravadora. "A EMI gostou da idéia, mas não tem dinheiro pra fazer... a gente já correu atrás pra caramba, quase acertamos com o Multishow a gravação do DVD. Conversamos com a MTV também, mas nada foi pra frente", lamenta Billy. Até o amigo e produtor Sussekind entrou em cena para dar uma força. "Para a Blitz, eu teria feito de graça... o lance é arrumar a grana pra bancar o show. Um DVD gravado ao vivo pode custar até 600 mil reais. O investimento é alto, precisa pintar um patrocínio." Evandro, assim como quem não quer nada, já fazia planos para a festa-show. "Eu gostaria de convidar pessoas como o Zeca Pagodinho, Jorge Ben Jor, Fernandinha [Abreu], Lobão... gente que tem a cara do Rio. O lance é contar a história da Blitz, quem viveu a época sabe a importância que a banda teve e, quem não viveu, precisa saber."

Um show no melhor estilo All Stars merece um ou dois parágrafos à parte. No início de 2004, os empresários Alexandre Accioly e Luís Calainho arrendaram o lendário Noites Cariocas, dessa vez patrocinado pela empresa de telefonia Oi, para uma seqüência de shows. No dia 31 de janeiro, pegavam o bondinho Kid Vinil (morrendo de medo), Léo Jaime e Kiko Zambianchi (botando ainda mais medo no MC da festa). Ritchie e Evandro Mesquita já faziam o *soundcheck* no sagrado palco do Morro da Urca. Os artistas foram reunidos para o show Especial Anos 80. O esquema funcionava mais ou menos assim: com uma banda fixa, muitas vezes cedida por Léo Jaime, as estrelas oitentistas revezavam-se no palco cantando quatro ou cinco músicas cada, e voltavam todos juntos para um bis no final, cantando Cazuza e Renato Russo.

O inglês Ritchie, empolgadíssimo com a possibilidade de viajar o Brasil inteiro com o formato do show, sugeria: "Podíamos montar uma caravana, um grande circo musical, e fazer a festa por aí. É só montar uma banda fixa, descolar uma produção bacana e pegar a estrada!". E foi o que aconteceu no resto de 2004 e em boa parte de 2005, com o Multishow, canal da Globosat, registrando a festa em DVD. Naquela altura a Blitz havia voltado para as mãos do empresário musical Manoel Poladian, e o turco todo-poderoso do show business brasileiro exigia exclusividade. Mas, enquanto viajaram com o resto da turma, Evandro e as meninas fizeram bonito. Na época, escrevi assim para o site Rádio Agência:

Com o morro a 40 graus, sobrou para o cara que começou tudo isso aqui, como disse o MC Kid Vinil, dar o golpe de misericórdia da noite. Evandro Mesquita e duas backing vocals da Blitz entraram convidando a galera para mais um "Weekend" daqueles. Com a majestade de quem domina a cena e a confiança de quem joga em casa, Eva, como é chamado pelos amigos, botou o morro abaixo como nos velhos tempos. O cara que parecia especialmente ansioso, e até um pouco nervoso, nos bastidores, deu uma aula de carisma e presença de palco. Continuou quebrando tudo com "Geme, geme", ganhou um coro de 2.200 pessoas em "A dois passos do paraíso" e fechou a tampa com a lendária "Você não soube me amar".

Como foi possível perceber, antes de deixar o *dream team* do rock nacional Evandro reapareceu em grande estilo e, de quebra, deu um gás na agenda de shows da Blitz por um bom tempo. Já em 2005, a Blitz "mostrava fôlego", segundo a Folha, e emplacava uma temporada no City Hall, uma charmosa e aconchegante casa de shows para 200 pessoas que ficava na Vila Olímpia, zona sul de São Paulo. Na época, Evandro fez um desabafo ao programa De Olho nas Estrelas, da TV Bandeirantes:

Andréa, grávida de Alice, e Luciana na gravação do DVD

Esse patrulhamento da imprensa em cima do pessoal dos anos 80 é muito babaca. O que eles esperavam, que a gente virasse urologista? Continuamos fazendo o que fazíamos, a mídia que é boba de querer uma novidade a cada mês e não querer ouvir as histórias de quem já fez história.

Em outra entrevista, dessa vez para a TV Cultura, Evandro bateu na tecla outra vez:

Sempre tem os urubus de plantão, né? Mas isso é uma burrice, um preconceito muito babaca. Os Rolling Stones vêm pra cá e tocam músicas de cinqüenta anos atrás, abrem o show com "Jumping Jack Flash"; o The Police veio e tocou músicas de quando eles apareceram; o U2 também. Todo mundo que tem o privilégio, o talento de ter feito músicas clássicas, que está aí na memória das pessoas, vai tocar isso sempre. Eu sinto o maior prazer em tocar as músicas que fizeram sucesso; eu canto e toco como se elas tivessem sido feitas há pouco tempo.

Nesse ponto dos acontecimentos, um DVD ao vivo e em cores já ensaiava sair do papel. No entanto, a esperada novidade só aconteceria no final do ano seguinte. Ficava uma dúvida: o tal show seria uma despedida oficial em grande estilo ou um reencontro com o estrondoso sucesso dos anos 80? Com a palavra, Evandro. "Eu não gosto de ponto final, gosto de vírgulas. A Blitz é nossa, pode voltar quando quiser. Se tiver uma resposta bacana do público e rolar uma continuidade, a gente bota o pé na estrada de novo", sentenciava o cantor.

Para Lobão, não importava se a volta seria definitiva ou não. "A Blitz está muito acima das outras bandas, ela foi pioneira, tá em outro nível. Se for o caso de fazer um show farewell [adeus], beleza, dou a maior força."

A idéia, no início, era que o DVD se chamasse *Blitz com Vida*, um jeito gaiato de dizer que a banda ainda respirava, estava viva, e também uma forma de deixar clara a vontade de encher o show de convidados especiais. Mas a imagem virou som, e o disco foi gravado

Andrea Coutinho, backing vocal e mãe de Alice

no estúdio carioca Nas Nuvens com a produção assinada, mais uma vez, pelo brother Sussekind, que, por causa de sua habilidade em tirar do equipamento um som de primeiríssima, ganhou o respeitoso apelido de Somssequinho. "A gente queria a releitura de músicos de hoje e a de pessoas que começaram com a gente", disse Evandro ao Extra. O CD saiu em março de 2006 com as prometidas participações: Chorão, do Charlie Brown Jr., atacando de "Você não soube me amar"; Danni Carlos em "Betty Frígida", Frejat dando canja de guitarra e voz na versão blitzniana de "Bete Balanço". "Foi uma surpresa agradável, um convite carinhoso e uma oportunidade de estar junto com amigos de tantos anos", disse o Barão. Paulo Miklos, colega de Evandro na novela Bang Bang, emprestou a inconfundível voz ao clássico titânico "Sonífera ilha" e ainda deu canja em "Egotrip". Um outro Paulo, o Ricardo, atacou de radialista narrando a saga da "Mariposa Apaixonada de Guadalupe" em "A dos passos do paraíso". "Foi um grande prazer e um reencontro. Acompanhei as dificuldades do Evandro para remontar a banda e já fizemos vários shows juntos. Eles têm uma história que merece ter continuidade", ressalta o ex-crítico. Também participaram do disco Toni Garrido, em "Geme, geme", e George Israel, tocando sax na inédita "Como uma luva". O grupo jamaicano Inner Circle, de passagem por São Paulo, deu uma luxuosa canja no "Reggae do avião", na qual Evandro cita malandramente o "Samba do avião", de Tom Jobim: "Esse reggae é só porque, Rio, eu gosto de você".

Bianca Jhordão, vocalista do Leela e, veja só, prima de segundo grau de Márcia Bulcão, foi escalada para gravar um dos clássicos da Blitz: "Weekend". "Fiquei honrada com o convite de uma banda tão importante", diz Bianca. Mesmo meio gripada, a cantora compareceu: "Passei a gravação toda ao lado de uma caixa de lenço de papel, chá, mel, xarope e tudo o mais. O Evandro e o Billy eu conheci no dia da gravação, foram supersimpáticos, fiquei bem à vontade". No estúdio, uma fã muito especial do Leela, Mirella. "A filha do Billy estava lá para me conhecer também e acompanhar a gravação. Depois, tiramos fotos e ouvimos e curtimos o resultado final", conclui a vocalista. O disco vendeu 50 mil cópias e sumiu rápido das prateleiras. "Não ganhamos um centavo nesse disco, tivemos que pagar para o Barreto e o Pedro liberarem as músicas em que eles eram parceiros", lembra Evandro.

Nessa mesma época, uma formação da Blitz começava a se cristalizar depois de muitas idas e vindas: da versão original, Evandro, Billy e Juba. De volta ao baixo 25 anos depois, Claudinha Niemeyer. "Em outubro de 2004 a Beti, minha irmã [e fotógrafa], cruzou com o Juba numa loja onde conversaram e trocaram contatos. Quando ela me contou desse encontro, na mesma hora liguei pedindo o número do Evandro, que estava no meio de uma pré-produção, mas foi super-receptivo e me convidou pra pintar lá no dia seguinte e gravar em alguma música", conta a baixista. Na guitarra, o competente Rogério Meanda, responsável pelos acordes da fase solo de Cazuza. "Sempre gostei muito da Blitz. Fui indicado pelo [Marcelo] Sussekind para as gravações do *Blitz com Vida* e acabei ficando." Nos vocais femininos, Andréa Coutinho e Luciana Spedo, mulher de Evandro e mãe de Alice, a nova irmã de Manu, filha do cantor com a atriz Íris Bustamante. Andréa, publicitária de formação, foi entrando devagarzinho até assumir definitivamente os vocais na estrada. "O Juba foi botando pilha, disse que eu era afinada. Aí comecei a ensaiar com o Billy no home studio dele. Um dia acabei tendo que dublar uma música numa gravação para um clipe do Multishow na Lagoa [Rodrigo de Freitas] e gostei da experiência. A Luciana me ajudou muito, me deu até aula de canto por um tempo", conta Andréa. Luciana era fã da banda desde criança, quando aos 6 anos pediu de presente aos pais o compacto de "Você não soube me amar". Exatos vinte anos depois, em 2002, a cantora abriu o show da banda no réveillon da Marina da Glória. No fim de 2003, pintou uma vaga de backing na Blitz. "Recebi um telefonema de uma amiga dizendo que a Blitz tinha aberto testes e que ela gostaria de me indicar. Eu disse ok, aí ela passou meu contato pro Billy. Quando nos falamos ao telefone, eu disse a ele que havia aberto o show do réveillon na Marina, ele falou: 'Caramba! A gente estava te procurando! Você deixou a gente de boca aberta naquele dia! Tá contratada!'"

Com essa formação que Evandro considera "tão boa quanto a do primeiro disco", no dia 29 de novembro de 2006 o tal DVD ao vivo finalmente desencantou. E numa casa de shows que era velha conhecida da Blitz, o Canecão. Não podia haver lugar melhor, afinal o grupo carioca foi o primeiro a se apresentar no até então indevassável templo da MPB. Os ilustres convidados compareceram: Ivete Sangalo, Paulo Ricardo, Danni Carlos, Da Gama (guitar-

De volta ao Canecão: o tão sonhado DVD ao vivo vira realidade em 2006

Claudinha Niemeyer, 25 anos depois, reassume o baixo da Blitz

rista do Cidade Negra), George Israel e Fernanda Abreu. Até Ricardo Barreto chegou a sinalizar com uma remota (mas até então existente) possibilidade de reviver a formação original, falando por ele e pela esposa, Márcia Bulcão. "Se a gente sentir uma intenção bacana, um clima positivo, podemos até participar desse DVD ao vivo, nada é impossível", deixou no ar o guitarrista. "Chegamos a convidar o pessoal da velha guarda da Blitz e, mais uma vez, não rolou", lamenta Evandro. Na eclética platéia, Eri Johnson, Felipe Dylon e até o Jonas Torres, o eterno Bacana do seriado Armação Ilimitada. Jonas e outros milhares de pessoas compareceram para a gravação do show, que começou com um tema instrumental de abertura e já emendou "Weekend". Seguiram com "Última ficha", "Betty Frígida" e um cover de "Sonífera ilha", dos Titãs.

Na seqüência, Evandro anunciou "Geme, geme" no microfone e a platéia veio abaixo. Emendou com "O romance da universitária otária", do primeiro disco, e atacou um outro cover, dessa vez dos Paralamas, "Óculos". Em "Reggae do avião" entrou o primeiro convidado especial da noite e especialista na função: o guitarrista Da Gama, do Cidade Negra. A décima canção do set list talvez seja até hoje a música mais pedida nos shows da Blitz: "A dois passos do paraíso". Enquanto Evandro tocava os primeiros acordes na estilosa craviola, as meninas, de véu de noiva de Guadalupe, subiam em pequenos praticáveis, de onde faziam os vocais.

Chegou a vez das duas músicas do último disco da primeira fase: "Egotrip", com Evandro animadíssimo tirando onda de sambista e usando uma cartola com FUCK escrito na copa; e "Dali de Salvador", também de Blitz 3. Seguem "O tempo não vai passar", "Como uma luva", "Volta ao mundo" e "A verdadeira história de Adão e Eva". Para cantar "Bete Balanço", do Barão, surge em cena o vocalista de um outro fenômeno pop do BRock: Paulo Ricardo Medeiros. Nos bastidores, o vocalista do RPM falou da importância da Blitz para o rock nacional: "A Blitz escancarou o mercado pra todo mundo; todas as bandas que vinham começaram a pipocar depois: Paralamas, Titãs, Legião, Barão", explica PRM.

Depois rolaram "Rádio atividade" e a inusitada participação de Ivete Sangalo, encarnando uma Ana Maria baiana (não confundir com a jornalista) em "Biquíni de bolinha amarelinha". No palco, antes de chamar a convidada, Evandro bateu bola com modelos gostosérrimas e jogou sacos e mais sacos do praiano biscoito Globo para o público. Mais carioca impossível.

Ivete entrou, mudou um pouco a métrica, o jeito de cantar, fez citação de "Preta, pretinha" no meio da música, pintou e bordou bem ao inconfundível estilo Sangalo.

Sai uma convidada especial, entra outra. E bota especial nisso. Quase seis anos depois, Fernanda Abreu finalmente descola uma oportunidade para retribuir a Evandro a supercanja que rolou no Rock in Rio de 2001. Fernanda subiu ao palco distribuindo "te amo" pra banda toda, que atacava os primeiros acordes de "Você não soube me amar". A ex-backing vocal da Blitz cantou de um jeito diferente, numa região mais grave, aveludada, dialogando com Evandro de igual para igual, deixando o clássico corinho de resposta para Luciana e Andréa. "Foi no esquema 'deixa que eu deixo', as meninas ficaram nos backings e eu fiz o que pude ali com o Evandro", diverte-se Fernanda. Na passagem, à tarde, a cantora justificava o novo jeito de cantar: "Minha voz sempre foi mais para grave; naquela época eu forçava um agudo, até pra combinar com a Márcia". Muito carinhosa com os ex-companheiros de banda, Fernanda esbanjou a sensualidade de sempre. No final, aplaudidíssima, saiu desejando boa sorte e muito sucesso à Blitz. No camarim do Canecão, disse o seguinte: "As músicas têm a mesma energia, a mesma força. A nossa história foi curta, porém muito forte. Marcou muito a vida de todo mundo, pra sempre, de uma maneira muito positiva".

Mal Fernanda deixa o palco, Evandro solta um "do caralho", agradece ao público ao lado da banda, avisa que o show não está mais sendo gravado e emenda uma versão de "Perdidos na selva", uma homenagem à Gang 90 de Julio Barroso. Por sorte, gravaram. E a Blitz deixou o Canecão de alma lavada e com tudo registrado para a posteridade em CD e DVD, ao vivo e em cores. "A gente ralou sem as leis, sem os patrocínios, todo mundo no [cheque] especial, juntando a grana dos shows. Bancamos um filho superlegal", finaliza o cantor.

Paulo Ricardo, 25 anos depois, voltava a escrever sobre a Blitz. Dessa vez, em vez de resenhar disco, fez o caminho inverso: assinou o release enviado à imprensa na época do lançamento do CD/DVD ao vivo.

Depois de tanto tempo, finalmente podemos dizer pro Evandro e sua gang: Ok, você venceu! A Blitz está de volta e a mil pelo Brasil! Blitz voa alto e com os pés no chão para cair na estrada em algum lugar perto de vocês!

[AO VIVO E A CORES]

A dobradinha CD/DVD da *Blitz Ao Vivo e em Cores* teve o mesmo efeito do Ao vivo de 1994: deu uma turbinada na agenda de shows e ajudou a galera da banda "a sair do cheque especial", como gosta de brincar Evandro. Em 2007, a Blitz fez uma média de oito apresentações por mês. "Temos mantido essa média", revela o produtor executivo Marcelo Reis. "Segunda, terça e quarta o Evandro tem agenda cheia na TV Globo, fica difícil marcar alguma coisa, a não ser que seja no Rio ou em São Paulo. Sobra de quinta a domingo para as viagens mais longas", completa Reis. A correria aumenta nos meses de novembro e dezembro, quando Evandro & Cia. atravessam o país tocando em festas de fim de ano das mais diversas empresas. "As firmas gostam pra caramba, o Evandro é o maior showman", reconhece Billy. O curioso nesse circuito de festas fechadas é o perfil da platéia, muito diferente do público heterogêneo que aparece num show convencional, com venda de ingressos. "Uma vez, numa dessas festas, só tinha homem na platéia. Acho que era uma festa gay, sei lá. E normalmente eu tomo uma ou duas taças de vinho no camarim, até pra aquecer a voz. Mas nesse dia eu disse pro produtor: 'traz logo a garrafa inteira de vinho e deixa aqui do meu lado, que hoje vai ser foda!'", conta o tecladista às gargalhadas.

Atualizações midiáticas: em outubro de 2007, o LP *As Aventuras da Blitz* entrou para a lista dos 100 melhores discos de música brasileira em uma pesquisa feita pela Rolling Stone Brasil com estudiosos, produtores e jornalistas. Toninho Spessoto escreveu assim:

A Blitz transformou o rock brasileiro. O grupo vinha com linguagem inovadora, trazendo a construção lírica descritiva dos quadrinhos. A canções eram extremamente visuais.

Em junho de 2008, aos quarenta e cinco do segundo tempo, resgatei os originais que já haviam sido entregues à Ediouro para acrescentar ao texto um depoimento espontâneo do titã Charles Gavin. Em entrevista ao Vitrine, perguntado sobre a importância do rock dos anos 80 para a música brasileira, o baterista e hoje respeitado pesquisador musical me disse o seguinte:

A música brasileira tem ciclos, e a nossa geração tinha muito a dizer, cumpriu um papel importante. A Blitz tem uma importância bacana nisso, levou o grito de uma geração que estava pronta para atuar na música brasileira. Foi a primeira banda a ser contratada, o que abriu os olhos das gravadoras para o que estava acontecendo.

Márcia Bulcão formou-se em licenciatura musical pela Uni-Rio e hoje é professora de música. Ela e Ricardo Barreto chegaram a participar de uma banda country, a Appaloosa. Atualmente o casal se apresenta com o percussionista Pedro Lima no Djambo Trio, projeto criado para realçar as influências da música africana no repertório brasileiro, com músicas compostas no dialeto *wolof*.

Juba largou de vez a vida de vendedor de shows e hoje divide a vida de baterista da Blitz com um hobby que acabou virando trabalho: a fotografia. Surge um novo personagem: Robertinho. Esse foi o carinhoso apelido dado pelas lindíssimas modelos que Juba começou a descobrir nas praias e academias do Rio. Virou especialista em *composite*, o bom e velho book fotográfico. E, além de clicar as beldades, faz o serviço completo: produz os figurinos, entende de maquilagem, cenário, manda revelar as fotos e finaliza o trabalho no computador de casa. E nada de foto digital. Robertinho, o fotógrafo, gosta mesmo é de filme fotográfico e da luz natural que entra pelo janelão com vista para a Lagoa Rodrigo de Freitas.

Recentemente Antônio Pedro arriscou uma volta à formação dos Mutantes, da qual fez parte entre 1974 e 1976, porém os ensaios foram interrompidos pela excursão que resultou na gravação do DVD ao vivo que a banda dos irmãos Dias lançou em 2007. "Foi um encontro espontâneo, que me trouxe muita alegria e a todos também. Foi legal a gente se encontrar pra tocar trinta anos depois do *Tudo Foi Feito pelo Sol*. Todos maduros, com saúde e histórias pra contar", explica o baixista. Pedro aproveita as comunidades da Blitz no Orkut para dividir histórias saborosas com os fãs do grupo espalhados pelo Brasil.

Billy segue firme e forte como um dos pilares da Blitz. Fora isso, emplacou em 2007 o CD de poemas musicados *Remix em Pessoa*, parceria com Jô Soares. Numa visita da Blitz ao Programa do Jô, na Rede Globo, o humorista e entrevistador ficou sabendo de experimentações que o tecladista vinha fazendo com poemas de Carlos Drummond de Andrade e

Você não soube me amar: Fernanda e Evandro juntos de novo 25 anos depois

Rogério Meanda em ação

sugeriu que fizessem o mesmo com Fernando Pessoa. Billy e Jô chegaram a se apresentar ao vivo pelo país num espetáculo com 50 minutos de duração dirigido por Bete Coelho.

O CD/DVD *MTV ao Vivo* gravado em 2006 comemorou os 16 anos da carreira solo de Fernanda Abreu e meio que fechou um ciclo na bem-sucedida carreira da ex-backing vocal da Blitz. A cantora segue fazendo shows pelo país e tocando o selo Garota Sangue Bom e a editora Da Lata Edições Musicais. Em 2007 se apresentou na cerimônia de encerramento dos XV Jogos Pan-Americanos, o Pan do Rio.

Evandro Mesquita, sem nenhuma conotação pejorativa, joga nas 11. Se vira em várias mídias: escreve, atua, dirige e ainda canta na Blitz. Fez cinema, se vestiu de mulher em novela das sete, abrilhantou seriados de sucesso como Os Normais e A Grande Família, lotou teatros com a peça Esse Cara Não Existe, publicou um livro – o já citado *Xis-tudo*, uma compilação de textos, desenhos e afins. Tirou onda de garoto-propaganda estrelando os mais variados filmes publicitários, até outra língua em propaganda de refrigerante o cara dublou.

Quando o DVD ao vivo ainda era um sonho, nos idos de 2003, Evandro me disse o seguinte numa das várias entrevistas: "Eu abro as cartas na mesa com se fosse um jogo de buraco, aí vejo onde tenho a possibilidade de 'canastrar' mais rápido e canalizo a energia ali". E tem mais: "A Blitz é um relâmpago, uma chuva com arco-íris que pinta de vez em quando. Quem se molhou, molhou, senão o jeito é esperar um outro temporal". Em 1982, no auge do estouro, Evandro declarou: "Não estou preocupado com aqueles que ainda poderão me perguntar: Cadê o diálogo tão original da Blitz? Beba Blitz agora, depois não sei". Taí uma coerência rara de se ver nesse trepidante mundo artístico.

Dito isso, não se espante se, assim de repente, a Blitz resolver passar mais um weekend com você. Setembro de 2008. Acabo de ver mais um show da Blitz em São Paulo, gratuito e beneficente, na USP. No meio de clássicos como "Você não soube me amar" e "A dois passos do paraíso", uma música nova chama a atenção: é "Baseado em Clarice", parceria com o guitarrista Rogério Meanda e cheia de diálogos espertos, Blitz na veia. Aliás, parceria é o que não falta: para citar outras duas, Pato Fu e Erasmo Carlos.

DISCO GRA- FIA

É, foi um prazer quase que sexual

estar aqui com vocês...

Prometendo voltar no próximo disco,

No próximo show...

Ou em qualquer momento,

Em edição extraordinária !

Nos camarins, mostro provas do livro ao Evandro e ouço dele: "Vamos entrar em estúdio na última semana de outubro; já trabalhamos em nove músicas... mas ao todo temos umas 15", conta o vocalista. O nome provisório do novo disco é *Skut Blitz!* e, ainda segundo Evandro, deve ser "Independente Futebol Clube".

E para citar o eterno frontman da Blitz pela última vez: "Enquanto houver bambu, tem flecha. Estamos na estrada, Blitz forever!". Então é isso, ativo ouvinte e caro leitor... que venham as próximas aventuras!

Com Mel Lisboa, Fernando Magalhães e Rodrigo Santos; Blitz Com Vida; Não sei porque eu fui dizer bye-bye...

AS AVENTURAS DA BLITZ (1982) EMI

1. Blitz cabeluda 2. Vai, vai, love 3. Aventuras submarinas 4. Vítima do amor 5. O romance da universitária otária 6. O beijo da mulher aranha 7. Totalmente em prantos 8. Eu só ando a mil 9. Mais uma de amor (Geme, geme) 10. Volta ao mundo 11. Você não soube me amar 12. Ela quer morar comigo na Lua 13. Cruel, cruel esquizofrenético blues

RADIOATIVIDADE (1983) EMI

1. A última ficha 2. Ridícula 3. Charme de artista 4. Só o amor 5. A dois passos do paraíso 6. Apocalipse não 7. Weekend 8. Meu amor, que mau humor 9. O tempo não vai passar 10. Betty Frígida 11. Rádio atividade 12. Biquíni de bolinha amarelinha tão pequenininho

BLITZ 3 (1984) EMI

1. Eugênio 2. Xeque-mate 3. Egotrip 4. Amídalas 5. Tarde demais 6. Táxi 7. Sandinista 8. Você vai, você vem 9. Louca paixão 10. Dali de Salvador 11. Trato simples 12. Cresci, mamãe, cresci

BLITZ AO VIVO (1994) EMI

1. Blitz cabeluda 2. Vai, vai, love 3. Weekend 4. Ridícula 5. Quem te põe 6. Betty Frígida 7. Egotrip 8. A verdadeira história de Adão e Eva 9. Zaratustra e eu 10. A última ficha 11. Mais uma de amor (Geme, geme) 12. Dali de Salvador 13. O romance da universitária otária 14. Biquíni de bolinha amarelinha tão pequenininho 15. Volta ao mundo 16. Você não soube me amar 17. A dois passos do paraíso 18. Vítima do amor 19. Oba/Voltei

LÍNGUAS (1997) Henrimar Music

1. Línguas 2. Ondas da noite 3. Use-me 4. Choveu 5. Pelo pelô 6. Ela dança 7. Instabilidade emocional 8. O lado escuro da rua 9. Tapa na bunda

BLITZ 000 – ÚLTIMAS NOTÍCIAS (1999) Panela Music

1. De cabelo em pé 2. Eu e o lobo 3. Weekend 4. Saquarema 5. Pipoca na memória 6. Xote de Copacabana 7. Você não soube me amar 8. A dois passos do paraíso 9. Lágrimas no elevador 10. Babilônia maravilhosa

BLITZ COM VIDA (2006) EMI

1. Tempos de cowboy 2. Você não soube me amar 3. Sonífera ilha 4. Mais uma de amor (Geme, geme) 5. Como uma luva 6. Betty Frígida 7. Perdidos na selva 8. Bete Balanço 9. Reggae do avião 10. A dois passos do paraíso 11. Óculos 12. Egotrip 13. Procura-se meu amor 14. Weekend

BLITZ – AO VIVO E A CORES (2007) Performance Music

1. Weekend 2. Última ficha 3. Betty Frígida 4. Mais uma de amor (Geme, geme) 5. O romance da universitária otária 6. Reggae do avião 7. A dois passos do paraíso 8. O tempo não vai passar 9. Perdidos na selva 10. A verdadeira história de Adão e Eva 11. Como uma luva 12. Bete Balanço 13. Biquíni de bolinha amarelinha tão pequenininho 14. Você não soube me amar

COLETÂNEAS

TODAS AS AVENTURAS DA BLITZ (1990)

1. Você não soube em amar 2. Weekend 3. Betty Frígida 4. A verdadeira história de Adão e Eva 5. Dali de Salvador 6. A dois passos do paraíso 7. Egotrip 8. Mais uma de amor (Geme, geme) 9. O romance da universitária otária 10. De manhã

(aventuras submarinas) 11. Blitz cabeluda 12. Biquíni de bolinha amarelinha tão pequenininho 13. Volta ao mundo 14. Eu só ando a mil 15. Cruel, cruel esquizofrenético blues 16. Malandro agulha 17. Apocalipse não

SÉRIE MEUS MOMENTOS (1999)

(Disco 1) 1. Você não soube me amar 2. A dois passos do paraíso 3. Betty Frígida 4. Mais uma de amor (Geme, geme) 5. Weekend 6. Egotrip 7. Dali de Salvador 8. Volta ao mundo 9. Blitz cabeluda 10. Vai, vai, love 11. O romance da universitária otária 12. Eu só ando a mil 13. Biquíni de bolinha amarelinha tão pequenininho 14. De manhã 15. Cruel, cruel esquizofrenético blues

(Disco 2) 1. Malandro agulha 2. A verdadeira história de Adão e Eva 3. O beijo da mulher aranha 4. Cresci, mamãe, cresci 5. Apocalipse não 6. Eugênio 7. Ridícula 8. Totalmente em prantos 9. Louca paixão 10. Tarde demais 11. Vítima do amor 12. Meu amor, que mau humor 13. Xeque-mate 14. Rádio atividade

SÉRIE IDENTIDADE (2002)

1. Você não soube me amar 2. A dois passos do paraíso 3. Betty Frígida 4. Mais uma de amor (Geme, geme) 5. Weekend 6. Egotrip 7. Dali de Salvador/O mar volta ao mundo 8. Blitz cabeluda 9. Vai, vai, love 10. O romance da universitária otária 11. Eu só ando a mil 12. Biquíni de bolinha amarelinha tão pequenininho 13. Aventuras submarinas 14. Cruel, cruel esquizofrenético blues

O TALENTO DE BLITZ (2004)

1. Weekend 2. Você não soube me amar 3. Betty Frígida 4. Egotrip 5. A dois passos do paraíso 6. O romance da universitária otária 7. Biquíni de bolinha

amarelinha tão pequeninho 8. Mais uma de amor (Geme, geme) 9. Blitz cabeluda
10. Eugênio 11. Meu amor, que mau humor 12. A verdadeira história de Adão e
Eva 13. Rádio atividade 14. Vítima do amor

SÉRIE RETRATOS (2004)

1. Weekend 2. Betty Frígida 3. Egotrip 4. Mais uma de amor (Geme, geme)
5. Biquíni de bolinha amarelinha tão pequenininho 6. O romance da universitária
otária 7. Você não soube me amar 8. A dois passos do paraíso 9. A última ficha
10. Volta ao mundo 11. Aventuras submarinas 12. Rádio atividade 13. Ridícula
14. Dali de Salvador

SÉRIE BIS (2005)

(Disco 1) 1. Você não soube me amar 2. Malandro agulha 3. A dois passos do
paraíso 4. Mais uma de amor (Geme, geme) 5. Volta ao mundo 6. Vai, vai, love
7. O romance da universitária otária 8. O beijo da mulher aranha 9. Eugênio
10. Ridícula 11. Charme de artista 12. Meu amor, que mau humor 13. Totalmente em prantos 14. Egotrip

(Disco 2) 1. Biquíni de bolinha amarelinha tão pequenininho 2. A verdadeira
história de Adão e Eva 3. Betty Frígida 4. Weekend 5. Dali de Salvador/O mar
6. Vítima do amor 7. Só o amor 8. Rádio atividade 9. Quem tem põe 10. A última
ficha 11. O tempo não vai passar 12. Cresci, mamãe, cresci 13. Ela quer morar
comigo na lua 14. Blitz cabeluda

BIBLIO-GRA-FIA

LIVROS - Brock, Dias de luta, Noites tropicais, Asdrúbal Trouxe o Trombone, Xis-tudo, Vendedor de sonhos: a vida e a obra de Roberto Medina, Ela é carioca, Driblando a censura, História sexual da MPB, Os Paralamas do Sucesso: vamo batê lata e Sexo, drogas e Rolling Stones.

REVISTAS - Zero, Bizz, Som Três, IstoÉ, Pipoca Moderna, SuperInteressante (A história do rock brasileiro), Flashback, Rolling Stone Brasil, Trip, Afinal, Programa (guia de lazer do JB), Fatos e Fotos, Manchete, IstoÉ Gente.

JORNAIS - O Globo, Jornal do Brasil, Folha de S.Paulo, O Estado de S. Paulo, Jornal da Tarde, Valor Econômico, Folha da Manhã, Extra.

TV - Close up no rock brasileiro/MTV, Espaço Aberto/TV Comunitária – RJ, Discoteca MTV

DVDs - Armação Ilimitada, Blitz ao Vivo e a Cores

SITES
www.blitzmania.com.br
www.dicionariompb.com.br
www.cliquemusic.com.br
www.emi.com.br
http://whiplash.net
www.lucianaspedo.com.br

AGRADECIMENTOS

Meus pais, por tudo. Evandro Mesquita, Billy Forghieri, Juba, Lobão e Fernanda Abreu pelas longas entrevistas e intermináveis trocas de e-mails e telefonemas. Regina Echeverria, pela quarta capa classuda e por ter sugerido a Ediouro. Pedro Almeida, pelo bom senso, pela gentileza e orientação editorial. Maria Cristina Fernandes, por ter tocado o processo até o fim. Patricya Travassos, pela simpática apresentação do livro. Enio Martins, pelos toques e pela pilha. Alexandre Keusen e João Marcelo Oliveira, idem. Marcelo Sirângelo e Carlos Zen, pelos textos inspiradores de sempre. Sula Vlachos e toda a equipe do Vitrine, por terem segurado as pontas enquanto o apresentador se aventurava como autor. TV Cultura, pela pesquisa de texto e consultas à biblioteca. Michelle Rodriguez, pelas impecáveis transcrições das fitinhas. Anselmo Sherek, pelas pré-impressões e picaretagens em geral. Johnny, pela estilosa foto da orelha. Luiz Stein & seus LSDs, pelo caprichado projeto gráfico.

E MAIS

Ritchie, Nelson Motta, Claudinha e Beti Niemeyer, Marcelo Sussekind, Marcelo Reis, Guto Barros, Hannah Lima, Gringo Cardia, Clever Pereira, Mayrton Bahia, Jorge Davidson, Liminha, Roberto Frejat, Paulo Ricardo, Léo Jaime, Arrigo Barnabé, Roberto Medina, Mariozinho Rocha, Regina Lopes, Toninho Chaves, Daniela Muzi, Marcinha Figueiredo, Heródoto Barbeiro, Zico Góes e MTV Brasil, Jorge Cruz, Cadu Dias Lopes, Armando Celia Jr., Nelson Martins, Mara Bastos, Antônio Brasil, Gabriel Priolli e a todos os músicos que passaram pela Blitz nesses 25 anos e que de alguma forma colaboraram com o processo.

IMA-
GENS

Amicucci Gallo/Editora Abril: p. 73a

Arquivo pessoal autor/Reprodução: pp. 56, 73b, 169b, 242, 246, 250, 280, 287b

Arquivo pessoal Billy: pp. 121, 126, 144, 191, 198, 205, 227, 287a

Arquivo pessoal Evandro Mesquita: pp. 35, 42-43, 46, 54, 57, 61, 67, 71, 73c, 95, 97, 98, 101, 112-113, 127a, 127c, 145, 209, 222, 269

Arquivo pessoal Fernanda Abreu: pp. 187, 199, 216-217, 218, 303

Arquivo pessoal Guto Barros: p. 68

Arquivo pessoal Hannah Lima: pp. 233, 240-241, 245

Arquivo pessoal Juba: pp. 273, 279

Arquivo pessoal Luiz Stein: p. 94

Beti Niemeyer: pp. 38-39, 268, 270, 274-275, 276, 283, 284, 287c

Cristina Granato/Editora Abril: p. 131

Divulgação Blitz: pp. 255, 258-259, 262-263, 265, 286, 288

Divulgação Universal Music/MTV, Nino Andrés: 226

Fernando Seixas/Editora Abril: p. 105

Guga Melgar: pp. 108-109, 115, 116, 120, 123, 124, 127b, 153, 156-157, 160-161, 163, 164, 166, 168, 169a, 169c, 295, 304

Jorge Rosenberg/Editora Abril: pp. 167, 176-177

Luis Crispino/Editora Abril: p. 77

Luizinho Coruja/Editora Abril: pp. 80-81

Mario Llaguno/Editora Abril: pp. 236-237

Reprodução de jornal ou revista: pp. 86, 90, 100, 134-135, 138-139, 142, 147, 148, 180-181, 183, 184, 194-195, 200, 203, 212-213, 221, 225, 248, 249, 299

Ricardo Chaves/Editora Abril: pp. 50-51, 58-59, 64-65

Ricardo Leoni/Agência O Globo: p. 173

Sebastião Marinho/Agência O Globo: pp. 84-85

AGRADECIMENTOS

Sem a boa vontade de algumas pessoas, este projeto não seria possível. Agradecimentos especiais:

Jorge Carneiro, Presidente da Ediouro, que liberou gentilmente os arquivos. Daniele Cajueiro e Ana Paula, que conseguiram localizar os arquivos da editora. Cláudio Marques, que liberou gentilmente os arquivos e conseguiu localizá-los atravessando o Atlântico com a Leya em Portugal.

Aos designers que estiveram envolvidos com a recuperação do material: Luiz Stein, Osmane Garcia Filho e Flávio Franceschini.

Um agradecimento especial aos artistas, amigos, colegas de bancada, de shows e de estrada pela divulgação da campanha que permitiu tornar este projeto realidade. A todos os artistas que toparam gravar o vídeo de homenagem e nos ajudar na divulgação: Alex Escobar, Carlos Eduardo Lino, Claudia Gomes, Cleber Machado, Evandro Mesquita, Felipe Andreoli, Fernanda Abreu, Gustavo Villani, Guto Nejain, Ivan Moré, Janaina Xavier, Juca Kfouri, Ledio Carmona, Leo Jaime, Lobão, Luiz Carlos, Marcelo Barreto, Marcelo Courrege, Mauro Beting, Milton Leite, Muricy Ramalho, Oscar Ulisses, PC Vasconcelos, Pedro Mariano, Renata Boldrini, Ricardinho, Roger Flores, Sabrina Parlatore, Simoninha, Thiago Woody e Zico.

Priscila e Janaína, primas de Rodrigo, que fizeram toda a ação se tornar possível.

Aos pais de Rodrigo, que mesmo em um momento tão doloroso, fizeram valer a vontade do filho.

Por fim, agradecemos a cada um dos apoiadores do projeto. Vocês tornaram este sonho possível. O legado do Rodrigo recebeu uma edição muito especial e será eternizado graças a vocês:

Abílio Valença; Ademir Branco Junior; Adenilson Maurício Rios Cilindro; Adriana Caldeira; Adriana Fraga Rabelo Dias; Alberto Pirro Jr; Aldrey Sena Martins; Alef De Lima; Aleksandra Lima; Alexandre Jardel Rocha Moratelli; Alexsandro Linhares; Aline Braz Domingues; Alisson Roberto Damiance Silva; Alvaro Eugenio Gonzalez Rodriguez; Alzenda Da Costa Pinto Da Silva; Amanda Ruiz Ameriot; Anderson Dutra; Anderson Tadashi Tokuy; Andre Cardozo; André De Miranda Carvalho; André Gustavo Henning; André Luis Moura Sanches; André Luiz Souza Costa; Andrea Bayma Almeida Fiuza Rodrigues; Andréa Sales; Andreia F A L Silva; Angélica Silva; Antonio Carlos Franca; Antônio Custodio; Antônio Henrique Capuzzo Martins; Antonio Henrique Schmidt Zaghe; Antonio Remigio; Arley Evandro; Arthur Kenji Bergamin Yoneda; Beatriz Kalil Othero; Bernardo Araújo; Braulio Amaral Maluf Pinto; Breno Fernández Duarte; Bruna Lís; Bruno Dallari Oliveira Lima; Bruno Richardson Machado; Bruno Rodrigues Lage; Bruno Sutter; Caio Fonseca Torres; Camila Leite; Camila Oliveira De Arraes Alencar; Carlos Eduardo Lino; Carlos Henrique Bicalho; Carlos Marcelo Pereira; Carlos Moraes; Caroline Pagliuzi; Cassiano Pinho De Souza; Cássio Gomes De Oliveira; Celine Kuiper Castelhano De Oliveira; Celso Marques; Cesar Catharino Moreno; Cesar Fedato; Claudia Gomes Tazinaffo Araujo; Claudimax Ferreira De Souza; Cláudio Gomes Brandão Dos Santos; Clayton Nivaldo; Cleiton Gil; Conrado Martins; Cristiane Batista Soares; Dalbi Arruda; Dan Faria; Daniel Luppi; Daniel Natal; Daniel Penae Torres; Daniela Karin Silvério; Danilo Santana; David Teixeira Junior; Dayse Helena De Souza; Dinastia Geek; Edgar Podavin; Eduardo Alves De Moraes; Eduardo De Campos; Eduardo Messias Oliveira; Eduardo Sudre; Eduardo Vicentin; Elise Duque; Estela Dantas; Eudes Junior; Evandro Mesquita; Fábio Calil Belém; Fábio França; Fabio Jose Barbosa Santos; Fabio Lopes Dantas; Fábio Luciano; Fabio Luiz Pessotti; Fabio Nogueira Santos; Fabio Silvestre Cardoso; Fabio Szperling; Fábio Yamaji; Felipe Paiva; Felipe Pontieri; Felipe Ramos; Felipe Santiago De Andrade Schwerz; Felipi Cavatti Dos Santos; Fernanda Henriques Appolinario; Fernanda Rebelo Wanderley Rodrigues; Fernando Bonfatti De Figueiredo; Fernando Yoshikazu Gushiken; Filipe P. Bassetto; Flávio Cassilhas; Gabriel Kimura; Gabriel Leone Coutinho Miranda Frota; Geraldo Jose Dos Santos Machado; Gilnei Pereira Da Costa; Giovane T Pereira; Giovanna De Guzzi; Guga Kramer; Guilherme Bramos; Guilherme Coreixas; Guilherme Graziano Neto; Guilherme Ribeiro; Guilherme Simon; Gustavo Antonio Direito; Gustavo Antonio Morais Silva; Gustavo Gago; Gustavo Henrique Lima De Siqueira; Gustavo Kaiuca Abduche; Gustavo Maia Magnusson; Gustavo Quilici Franco Do Amaral; Gustavo Razuk; Gustavo Rossi Moreno; Hamilton Giovani Hessel; Heigor Simões De Freitas; Heitor Grima; Helena Rebello; Henrique Anselmo De Souza Da Silva; Ilona Dos Reis Facchini; Irene A Lima Silva; Janaína Lima; Janaina Xavier; Jefferson Mine; Joanêza Galvão; João Camargo; João Paulo Serafim Jr.; João Ricardo Kenji Omuro; Jonas Almeida; Jorge Augusto Souza Pinto; José Alex De Oliveira; Jose Anchieta Gonçalves Júnior; José Antonio Domingues Fardo ; José Barreto De Andrade; Jose Geraldo Freire; José Luis Almeida; José Roberto Stefano Filho; Joyce Belleza; Juliano Branquinho; Juliano De Oliveira Guterres; Júnio Ferreira; Katia Regina Dos Santos; Kawer Anderson Da Mata; Kenai Fuckner Selva; Lauro Silveira Neto; Ledio Zottolo Carmona; Leiner S Salinas; Leonardo Carneiro Costa; Leonardo Lessa Prado Nascimento; Leonardo Lima Ferreira; Leonardo Mello Guimarães De Toledo; Leonardo Rocha De Almeida; Letícia Kuniko Sekitani; Liliane Maestro; Lino Malta De Oliveira Filho; Luan Flávia Barufi; Lucas Barboza De Oliveira ; Lucas Caetano Macedo Saboia; Lucas Morais; Lucas Santos; Luciana Julião; Luís Parente; Luiz Felipe Carneiro; Luiz Felipe Romanelli Nascimento; Luiz Fernando Mattos; Luiz Gustavo Mouro ; Luiz Gustavo Trápaga

Ribeiro; Mara Regina Viero; Marc Marten; Marcel Luiz Campos Rodrigues; Marcela Augusta Reis Carneiro; Marcello Augusto De Alencar Carneiro; Marcelo Alexandre; Marcelo Moreno; Marcelo Peixoto Abal; Marcelo Tandler Paes Cordeiro; Marcio Roberto Nunes Da Costa; Márcio Silva Corrêa; Marco Antonio Arese Kalil; Marco Antonio De Oliveira; Marcos Antonio De Salles; Marcos Catingueiro Silva; Marcos José Siqueira Coutinho De Almeida; Marcos Nyssens; Marcos Vinicius Melo; Marcus Pierucci; Marcus Silva Carvalho; Maria Cláudia Santos Chapini; Maria Eduarda Novaes; Maria Oliveira; Maria Paula De Castro Boetger; Mariana Noronha Pinto De Oliveira E Sousa; Mario Renato Tiengo; Mario Sergio Pinheiro; Marla Ibrahim; Mateus J. C. Arndt; Mateus Lessa; Matheus Alexandre Martin Penedo; Mauro Lúcio Ruy De Almeida Filho; Mauro Teodoro Rocha Filho; Max Rosario; Melina Jorge; Michel Daniel Silveira Membrive; Michel Müller; Michele C G Pire ; Milena Delgado Scalco; Milton Leite; Moyses Menezes; Murillo Bomfim Santos; Natalia Pereira Barroso; Natasha Schiebel; Nilma Dos Santos Lima; Norival Nascimento; Otavio Alexandre Freire; Otávio Lopes Ferraz; Pablo Henriques; Patricia Cristina Machado; Patricia Moreira Silva; Patricia Moreira Silva; Paulo Aramis Bonin; Paulo De Grana Marinho Neto; Paulo Roberto Geller Saraiva; Paulo Rogério Da Conceição; Paulo Scopacasa; Pedro De Alencar Tavares Junior; Pedro Guimarães Capucci; Priscila Oliveira Do Amaral; Rafa Ferro; Rafael Dos Santos Godinho Ramos; Rafael Martins; Rafael Moura De Sá ; Rafael Santos De Azevedo; Rafael Vital; Ramiro Fernandes Garcia; Ranieri Muricy Barreto; Raphael Da Silva Coelho; Raphael Maciel Rezende De Souza; Raquel Queiroz; Renan Camargo Da Silva; Renan Soares Junior; Renata Boldrini; Renato Cruz; Renato Silveira; Renato Soares Do Amaral Costa Russo; Ricardo Yamamoto; Roberto Lobão; Roberto Panarotto; Roberto Sávio De Oliveira Jr; Robson Peixoto Dos Santos; Rodolfo Georgevich Neto; Rodrigo Bill Abecia; Rodrigo De Souza Silva; Rodrigo Martins; Rodrigo Santos; Rodrigo Santos De Matos; Rogerio Borges Ferreira; Ronaldo Ferreira Dalmeira; Roosevelt Almeida Do Nascimento Junior; Rosemery Missae Matsubara; Rubens Eugênio De Oliveira Junior; Sabrina Dos Santos Monteiro; Sabrina Parlatore; Samuel Possidônio; Sergio Alexandre Fabossi; Sergio Cartaxo; Sergio Cunha; Sil Avalos; Silas Cassiano; Silverio Fonseca Oliveira; Simone De Souza Cabral Martins; Sosthenes Jesus Dos Santos ; Tadeu Arvelos; Tarcísio Augusto Andrade Sousa Rocha; Teresa Cristina Iorio De Barros Leite; Thais Walsh; Thays Ferreira Braga De Lima; Thereza Cristina Regadas Montezuma; Thiago Araújo Madureira De Oliveira; Thiago Garcia Totaro; Thiago Mantovani Krigner Abondanza; Tiago Almeida De Araujo; Tiago S G Oliveira; Valjean Lopes Da Silva Júnior; Valter Meksenis; Vania Martins Marra; Vera Jane Tavares Marques; Victor Augusto Beraldo Dos Santos; Victor Hugo Faustino Santiago; Vinicius Baptista De Souza; Vinicius Henter Carneiro Bastos; Vinícius Valiante; Vinicius Vaz; Vitor Figueiredo Soares; Vivi Lescher; Wagner Bastos Ferreira; Wagner Cavalli Rodrigues; Wagner Minoru Yamaguchi; Walfrido Duarte Da Silva Neto; Wesley Ferreira; Wilson Simoninha Lotado; Yasmin Teruz Moreira; Yulla Aflalo Marques Cepêda; Yuri Coloneze.

Este livro foi composto em Futura e Helvetica e impresso em janeiro de 2021.